The Impacts of Urbanization on Household Energy
Consumption and Carbon Emissions in China

浙江省自然科学基金青年基金项目（ＬＱ１８Ｇ０３００１４）
浙江省哲学社会科学规划课题（１６ＪＤＧＨ０８６）
浙江理工大学科研启动基金项目（１６１０２２０２－Ｙ）
浙江理工大学学术著作出版资金资助（２０１８年度）

人口城镇化对中国家庭能源消费碳排放的影响研究

任正委 著

The Impacts of Urbanization on Household Energy
Consumption and Carbon Emissions in China

中国财经出版传媒集团

经济科学出版社
Economic Science Press

图书在版编目（CIP）数据

人口城镇化对中国家庭能源消费碳排放的影响研究/
任正委著.—北京：经济科学出版社，2018.4
ISBN 978 - 7 - 5141 - 9274 - 2

Ⅰ.①人… Ⅱ.①任… Ⅲ.①城市化 - 影响 - 居民 -
能源消费 - 研究 - 中国②城市化 - 影响 - 二氧化碳 -
废气排放量 - 研究 - 中国 Ⅳ.①F426.2②X511

中国版本图书馆 CIP 数据核字（2018）第 090653 号

责任编辑：李　雪
责任校对：杨　海
责任印制：邱　天

人口城镇化对中国家庭能源消费碳排放的影响研究
任正委　著
经济科学出版社出版、发行　新华书店经销
社址：北京市海淀区阜成路甲 28 号　邮编：100142
总编部电话：010 - 88191217　发行部电话：010 - 88191522
网址：www.esp.com.cn
电子邮件：esp@esp.com.cn
天猫网店：经济科学出版社旗舰店
网址：http://jjkxcbs.tmall.com
固安华明印业有限公司印装
710×1000　16 开　13.5 印张　200000 字
2018 年 6 月第 1 版　2018 年 6 月第 1 次印刷
ISBN 978 - 7 - 5141 - 9274 - 2　定价：48.00 元

序[*]

　　人口城镇化问题和生态环境问题是当前全球面临的两大综合性发展难题。在气候变化的大背景下，人口城镇化带来的能源环境挑战将变得更加严峻。特别是发展中国家，在城镇化的进程中普遍存在能源消费量猛增、温室气体排放加剧、环境污染加重等"城市病"顽疾。

　　拥有世界人口五分之一的中国，在全球应对气候变化和可持续发展方面拥有不容推卸的责任。在 2015 年 12 月第 21 届联合国气候变化大会上，中国政府提出"二氧化碳排放 2030 年左右达到峰值并争取尽早达峰，单位国内 GDP 的二氧化碳排放量较 2005 年下降 60% ~ 65%，非化石能源比重提升至 20% 左右"的减排承诺。但是，与高收入国家 70% 以上的城镇化率相比，中国的城镇化率为 53.7%，仍具有显著的发展潜力。根据 2014 年政府公布的国家新型城镇化方案，2020 年城镇永久居民的比重将达到 60%，这将不可避免的刺激家庭消费，产生更多二氧化碳排放，家庭碳排放的增长幅度将随着城镇化的推进而提高。因此，本书作者从上述两条线索切入，以"人口城镇化是否会推高居民能源消费，以此对我国节能减排总体目标形成冲击"为核心命题，厘清可能的影响因素和内在传导机制，量化可能的影响方向和影响程度，具有重要的理论和现实意义。

　　本书从居民生存和发展需求视角出发，以城乡居民生活用能和消费为切入点，以"人口城镇化——家庭规模与结构变化——能源消

---

　　* 米红：浙江大学公共管理学院教授、博导。

费——碳排放"为逻辑主线，通过投入产出、LMDI 分解、固定效应模型、户主率家庭户预测、系统仿真等方法，从理论层面与实证分析层面系统而深入地探讨了城镇化进程中人口及家庭变化对居民消费与碳排放的内在影响机理与结果，并在此基础上进一步深刻地剖析了居民生活消费碳排放实现收敛的理论机制，进而探讨居民消费的减排空间、潜力大小以及人口和家庭户城镇化在其中的影响。

作者将人口科学领域的最新研究方法和成果应用于节能减排研究领域，可丰富可持续发展管理在人口和微观家庭户层面的理论内涵，增强人口、资源与环境经济学学科体系的内在联系。分析提出的应对策略，有助于提高对于国家碳减排战略中人口与家庭户所起作用的认识，增强相关政策的针对性和有效性，为国家实现"2030 年左右碳排放达到峰值"的减排目标提供人口与家庭户层面的减排潜力分析，为减排行动中阶梯电价等居民能源消费政策、住宅建筑节能政策、交通节能政策的制定和调整提供科学依据。

纵观国内外相关领域学术前沿趋势，本书的特色价值体现为"搭桥梁"和"调观念"。"搭桥梁"，即引入国际上"人口－气候变化"领域最新开发的 SSPs 分析框架，用以消融国内人口研究与气候变化领域之间的隔阂，构建中国人口科学在全球气候变化议题中可发言和对话的桥梁。"调观念"，即在中国人口规模"渐趋峰值"的新常态下，人口与资源环境的关系已由过去的"紧张矛盾"转化为当前及未来将长期存在的"紧平衡状态"，应重点关注人口城镇化等结构性变动对资源环境及应对气候变化的影响，倡导构建新常态下的"人口－资源－环境"协调发展观，实现人口与资源环境永续共生。

2018 年 5 月 8 日

前　　言

　　当前全球应对气候变化压力空前加大，中国政府已经制定2030年的减排行动目标。人口城乡格局发生巨大质变、家庭户小型化与户数增长趋势明显、中产阶级崛起推动居民消费升级等时代背景将给减排目标的实现带来巨大挑战。准确把握未来人口与家庭户城镇化变动趋势，深刻认识和有效应对相关负面影响，对实现减排目标、促进绿色发展具有重要意义。

　　本书从居民基本生存和发展需求的角度出发，以城乡居民生活用能和消费为切入点，以嵌入生命周期的IPAT理论框架为主线展开。首先，运用投入产出、LMDI分解、固定效应模型等方法，分析在人口和家庭户城镇化背景下过去和现在我国居民能源消费碳排放的变动趋势及其内在影响机理。其次，运用户主率家庭户预测、系统仿真的方法，在预测我国人口与家庭户变动趋势的基础上描绘未来居民能源消费碳排放的可能变动情景。最后，探讨人口城镇化趋势下居民消费端节能减排形势的可能变化，国家碳减排战略下家庭生活领域的减排空间、潜力大小以及相应的政策含义。

　　在研究分析的过程中，提出了家庭户城镇化的多要素理论，尝试构建了"三化"（城镇化、老龄化和家庭户小型化）互动中的家庭户城镇化对居民生活碳排放影响的系统模型，探索居民生活碳排放实现收敛的理论机制，提出收敛的三个理论条件，为未来我国满足人口基本生存发展与减排双重需求下的碳减排战略提供理论依据。

主要结论如下：

（1）人口与家庭户增长收敛为国家实现"2030年碳排放达到峰值"的减排目标提供了非常有利的基础条件，但有效的技术进步和政策导向仍是减排的主导力量。根据仿真结果，人口与家庭户将在2030年前后进入平稳变动的峰值区间，家庭户数量增长逐渐收敛。1995~2013年全国家庭户数量增长了1.16亿户，而当前至2041年家庭户数达到峰值5.4亿户，将只有8000万~9000万户的增量，且增长主要集中在2030年之前。但人口和家庭户增长的收敛并不能抵消人均消费规模膨胀的不利影响。在2030年居民人均消费支出规模相比目前翻番并持续增长的情况下，居民生活碳排放量增长实现收敛主要依赖于技术进步和政策导向的共同作用使得能源强度和碳排放强度降低。如果技术进步和政策引导未能有效到位，届时全国超过5.4亿个家庭户仍将对节能减排造成巨大压力，上述实现减排目标的有利条件将会只是"空壳"。

（2）人口与家庭户城镇化给节能减排带来巨大挑战，但在能源结构逐步优化、碳排放强度不断降低的预期下，对国家减排目标的实现并不构成实质性影响。预计2030年全国城镇人口将达近10亿人、城镇家庭户数量将接近4亿户，将有超过七成的家庭户居住在城镇。所幸在不同的人口城镇化水平情景下，居民生活碳排放总量都将在2031年左右达到峰值。当然，人口和家庭户城镇化对于节能减排和减缓气候变化的长期影响始终存在，对于"碳排放规模早达峰值并使峰值规模尽可能低"的愿望实现具有潜在影响。

（3）家庭户小型化对节能减排的不利影响明显，但未来家庭户规模小型化的收敛，将是实现国家减排目标的另一有利条件。家庭户规模小型化，一方面会增加家庭户的数量，另一方面将在一定程度上给以户为单位的消费和用能带来"规模不经济"效应，总体上对节能减排是不利的。可喜的是，家庭户规模小型化在 2030 年前后将逐渐趋于收敛，城乡平均家庭户规模将稳定在 2.67 人/户左右。

（4）人口老龄化对居民生活碳排放有微妙影响，医疗保健消费应成为节能减排领域关注的重点。根据仿真结果，在未来城乡人口老龄化的大趋势下，医疗保健消费成为城镇居民间接碳排放的首要来源，在农村也增长较快。部分医疗保健产品的制造过程是高排放的，应该引起格外重视。

基于上述研究结论，笔者认为应该采取以下措施促进人口城镇化进程中家庭消费领域的节能减排：

（1）重视人口与家庭发展在国家战略中的基础性地位，倡导构建新常态下的"人口—资源—环境"协调发展观，尝试将人口与家庭变动分析技术应用于应对气候变化国家战略。目前，我们的应对气候变化国家战略在很大程度上仍缺乏对人口与家庭未来多元动态变化的考量。全球"人口—气候变化"研究领域最新开发的（The Shared Socio-economic Pathways，SSPs）分析框架，用以消融人口研究与气候变化研究的隔阂，构建人口与家庭变动分析技术在应对气候变化议题中可发言与对话的桥梁。作为世界第一人口大国，我国应对气候变化战略理应在此框架基础上，增强人口研究的"普适性"和"外界可及性"，为人口科学贡献于政策实践提供适应的平台和机制。

（2）尝试将家庭规模与结构作为居民能源消费价格制定的依据之一，给予承担养老或育儿责任的家庭更多优惠。人口规模大的家庭（通常也是承担养老或育儿责任的家庭）人均用能一般反而较少，但在近年来为节能减排而广泛推广的阶梯价格机制下，这些家庭却因为消费总量较大，而需要支付较高的人均价格，这明显有失公平。因此，研究和推行优惠或补偿性政策，纠正当前价格机制中的偏误，不仅可以解决公平性问题，还能促进节能减排政策效率的提升。作为国家应对人口老龄化与少子化相关政策的重要补充，这是兼具应对人口老龄化、应对气候变化战略意义的政策项目，政府理应进行重点考虑。

（3）制定充分考虑人口年龄异质性的居民节能减排政策。基于人口老龄化的影响，合理引导健康产业发展，抑制医疗保健产品和服务的盲目消费及其引致的碳排放增长。正确把握人口年龄结构对居民消费结构的影响规律，统筹安排涉及居民消费的节能减排政策与人口需求相协调，尤其应有针对性地加大对老人和妇女的扶助，保障社会公平。

目 录

第1章

绪　　论

1.1　研究背景与意义

1.1.1　研究背景

1.1.1.1　全球应对气候变化压力空前加大

毋庸置疑，气候变化已严重威胁到人类安全，是当前全球面临的最大的综合性发展难题。联合国政府间气候变化专门委员会（IPCC）指出温室气体排放及其他人为驱动因子已成为自 20 世纪中期以来气候变暖的主要原因。据估计，从 1970 ~ 2010 年，化石能源燃烧和工业生产造成的二氧化碳排放占所有温室气体排放的 78%，经济和人口增长被确认是其中最为主要的驱动因素（IPCC，2014）。全球应对气候变化的行动框架分为减缓（mitigation）和适应（adaptation）两个维度，大幅和持续减少温室气体排放作为减缓行动的关键，将是降低气候变化风险的核心。但是，全球范围内减排的形势都十分严峻，2014年全球碳排放量已突破 400 亿吨（Global Carbon Project，2014）。《巴黎协定》明确要求世界各国致力于将全球平均地表温度控制在不超过工业革命前 2℃的水平内，并为把升温幅度控制在 1.5℃以内而努力。

作为世界上人口最多的国家，中国在全球应对气候变化中具有举足轻重的地位。目前，中国的碳排放总量居世界第一，占 29%，超过欧美之和；人均碳排放量已达到 7.2 吨，超过欧盟的 6.8 亿吨（Global Carbon Project，2014）。中国政府已经制定 2030 年的减排行动目标为"二氧化碳排放 2030 年左右达到峰值并争取尽早达峰，单位国内GDP 的二氧化碳排放量较 2005 年下降 60%～65%，非化石能源比重提升至 20% 左右"，并提出以推动能源消费革命、供应革命、技术革命和体制革命为框架的国家能源安全战略。同时，近年来频发的重度雾霾更使得社会各界非常关注并付诸节能减排行动的实践。

1.1.1.2 人口城乡格局发生巨大质变

过去 30 年，全球城市化水平发生了显著变化，从 1980 年的不到 40%提高到目前的超过 50%，表明全世界半数以上的人口已经居住在城市当中。尤其是在中国、东南亚和非洲部分国家，城市化水平从 1980 年的10%～30%区间提高到目前的 30%～60%区间（Chen et al.，2014），城乡格局发生了质的变化。根据联合国的预测，全球城市人口将由 2011年的 36 亿人快速增长到 2050 年的 63 亿人，城市化水平将由 52% 提升至 67%，约 27 亿的城市人口增量将主要出现在亚洲和非洲的发展中国家（UN，2011）。总体而言，城市人口的消费强度和频度明显高于农村人口，生活方式呈现高耗能、高排放特征，能源消费和碳排放量约占全球的 80%（World Bank，2010）。未来包括中国在内的发展中国家城市人口激增，将给节能减排、应对气候变化带来巨大挑战。

从 1978～2014 年，中国的城镇化率年均提高 1 个百分点，城镇常住人口由 1.7 亿增长到 7.5 亿，2015 年已有超过 56% 的人口生活在城镇。未来 20 年，由浅层城镇化阶段向深度城镇化阶段迈进，将是中国社会面临的最深刻历史背景。国家新型城镇化战略着重解决"三个一亿人"问题，将为更多的人口进入城镇并定居提供更好的政策便利。预计到 2030 年中国将新增 3.1 亿城镇人口，城镇人口总数将超过 10 亿，城镇化水平将达到 70%（中国社科院，2014），城镇的碳排放将占全国的 90%（中国气象局，2014），高碳锁定已经逐渐形成，且短时间内不易改变。中央城市工作会议、新型城镇化战略和国家能源安全战略都提出了建设和发展"绿色城市""智慧城市"的具体举措。

1.1.1.3 家庭户小型化与户数增长趋势明显

无论是发达国家，还是发展中国家，都正在经历或已经经历家庭户规模缩小的过程。根据发达国家的经验，这一过程通常使得家庭户规模从平均五口人以上缩小为三口人及以下（Bradbury et al.，2014）。因此，即使未来人口增长减缓，仍将有数以亿计的新增家庭户产生（Klinenberg，2012；Zeng et al.，2013）。据统计，全球约有 1/5 的终端能源消费来自于家庭户（Brounen et al.，2012）。如果加上家庭户购买和使用的商品和服务所引致的间接能源消费，其在能源消费活动中的重要性将更加明显。假使户均消费量不再增加或有小幅减少，在家庭户数增长的情况下，消费总量仍将持续增加（Lapillonne et al.，2013；Mackellar et al.，1995）。因此，在西方国家，家庭户已成为节能减排和应对气候变化最为主要的部门之一，并越来越重视家庭户小型化的重要影响（Gu et al.，2015）。

过去 20 年，在生育率下降、离婚率升高、人口大规模流动等多重作用下，中国的家庭户小型化趋势十分明显。根据"六普"统计的数据，2010 年平均家庭户规模已由 1990 年"四普"的 3.96 人降至

3.09 人，家庭户数量达 4.3 亿户，居世界之首，占世界家庭户总数的约 1/5。尽管人口增速已极为放缓，人口规模峰值预计将于 2030 年前后到来，但家庭户数量峰值拐点将较晚到来，预计 2040 年将突破 5 亿户（国家卫生计生委，2014），这对于实现"2030 年前后二氧化碳排放达到峰值"的目标将有潜在不利影响。

1.1.1.4 中产阶级崛起推动居民消费升级

随着社会财富分配的变化，中产阶级开始在全球范围内崛起。按照 1 万 ~ 10 万美元的标准，全球共有 10 亿人属于中产阶级，并处于不断增长之中（瑞士信贷银行，2014）。这将释放出巨大的消费能量，尤其是在中国等新兴市场国家，表现尤为明显。若全球的中产阶级仍延续欧美传统的生活方式和消费模式，将给未来的节能减排带来不小的挑战。消费水平的快速升级，将意味着技术进步带来的节能减排效应可能会被减弱。

中国的中产阶级家庭将从目前的 1.2 亿个增长到 2030 年的 3.2 亿个，占到全球的 1/3（波士顿咨询公司，2014）。在此影响下，居民消费活力快速升级，特别是以住房和汽车为代表的居行消费活动迅猛增长。城乡人均居住面积分别从 1978 年的 6.7 平方米和 8.1 平方米，增长为 2012 年的 32.9 平方米和 37.1 平方米（国家统计局，2013）。全国私家小客车数量从 2000 年的 300 万辆增长为 2014 年的 1.04 亿辆，平均每百户家庭拥有私家车数从 2000 年的 1 辆增长为 2014 年的 25 辆（公安部交通管理局，2014）。一方面，党的十九大报告提出"完善促进消费的体制机制，增强消费对经济发展的基础性作用"。另一方面，政府也高度重视构建低碳消费模式，在国家能源安全战略中将能源消费革命放在首位，在新型城镇化战略中也将推广城镇绿色生活方式和消费模式放在全局的重要位置。可见，居民消费规模的扩大对节能减排是巨大挑战，但消费结构转型也是重大机遇。

1.1.2 研究意义

1.1.2.1 理论意义

探索人口与家庭户城镇化对居民能源消费碳排放的影响机理，以及碳排放增长收敛并达到峰值背后的人口学驱动因素，丰富"人口—气候变化"相关性研究的理论框架。从居民能源消费碳排放的角度来检验 EKC/CKC 理论和"城市化—环境"相关性理论在中国的适用性。

1.1.2.2 现实意义

有助于提高对于国家碳减排战略中人口与家庭户所起作用的认识，增强相关政策的针对性和有效性。可为国家实现"2030 年左右碳排放达到峰值"的减排目标提供人口与家庭户层面的减排潜力分析，为减排行动中阶梯电价等居民能源消费政策、住宅建筑节能政策、交通节能政策的制定和调整提供科学依据。

1.2 国内外研究进展与评述

人类很早就曾试图去理解人口变动和环境变迁之间的关系（Petersen，1972；Cohen，1995），但直到马尔萨斯的《人口原理》（Malthus，1798）公开发表才算是"人口、资源、环境"作为一个科学领域的真正开始。气候变化给人类社会带来的巨大挑战，加之"人口增长⟹能源消费量增加⟹碳排放增多⟹全球平均气温升高⟹气候变化"的逻辑事实被广泛认识，"人口—（能源）消费—气候变化"研究领域已经成为当前"人口—环境"研究中极为重要的组成部分。在最早期的研究中，人口规模是唯一被考虑到的人口变量。近二十年来，家庭户数量、家庭户规模、人口城乡分布及年龄性别结构等人口变量的影响力开始逐渐被认识到（O'Neill and Chen, 2002; Jiang and O'Neill, 2007; O'Neill et al., 2012a; O'Neill et al., 2012b; 蒋耒文，2010）。在人口城镇化的进程中，上述人口变动因素皆相伴而行，故笔者对文献的梳理不仅仅局限于人口城镇化，而将有关其他因素的研究也都纳入文献考察范围。在此基础上，将相关研究归类为四个方面，前三个方面是国际前沿的研究，按研究内容分为三类，第四方面为国内学者的研究。具体如下：其一，人口和家庭户数量增长的影响研究；其二，人口城镇化的影响研究；其三，家庭户规模小型化和人口年龄结构变动的影响研究；其四，国内学者的研究。

1.2.1 人口和家庭户数量增长的影响研究

以 IPAT 理论框架（Erlich and Holdren, 1971）及其扩展模型 Kaya 恒等式（Kaya, 1990）为基础的研究最早出现且至今仍最为常见。近二十年来最具代表性的为比茨和罗莎（Dietz and Rosa, 1997）提出的 STIRPAT 模型，该模型建立在 IPAT 模型和 Kaya 恒等式的基础上，可以用来检验人口规模对二氧化碳排放的弹性系数。国际上众多学者对不同国家、不同区域、不同时期的研究表明，在控制其他因素的情况下，"1% 的人口增长带来 1% 二氧化碳排放增加" 的规律具有一定的普适性（O'Neill et al., 2012; Liddle, 2015）。例如，最初比茨和罗莎（1997）、约克等（York et al., 2002, 2003）、罗莎等（2004）分别利用1989 年、1991 年、1996 年和 20 世纪 90 年代末全球一百多个多家的截面数据分析，得出 1% 的人口增长分别会带来 1.15%、0.99%、0.98% 和 1.02% 的二氧化碳排放增加；近年来利德尔和龙（Liddle and Lung, 2010）、门兹和威尔士（Menz and Welsh，2011）分别利用 17 个和 26 个 OECD 国家 1960~2005 年的面板数据分析，得出人口增长对二氧化碳排放增加的弹性为 0.69 和 0.78；乔根森和克拉克（Jorgenson and Clark，2010）对 64 个非 OECD 国家 1960~2005 年的面板数据分析的结果显示，人口增长对二氧化碳排放增加的弹性为 1.27，与其对 OECD 国家的估计没有显著差异；萨多斯基（Sadorsky，2014）通过对 16 个新兴国家 1971~2009 年的面板数据分析，得到人口增长对二氧化碳排放增加的短期弹性为 1.33、长期弹性为 2.52，两者也并不具有显著差异。

越来越多的研究指出，相对于个人而言，家庭户更适合作为影响能源消费和碳排放的人口分析单位，因为家庭户通常是人们消费的主要单位，甚至在某些发展中国家也是生产的主要单位（Liu et al.，2003；O'Neill and Chen，2002）。IHAT 模型也就应运而生，其将人口分解为户数和平均家庭户规模，能够很好地用于分析家庭户增长与能源消费、碳排放增加的关系。例如，麦凯勒（Mackellar et al.，1995）用 IHAT 模型对全球最发达地区 1970~1990 年能源消费的增长量进行分解，发现家庭户数增长对能源消费增长的贡献为 41%，超过人口增长的贡献 18%。但这项研究没有将"家庭户规模减小使户均能源需求减小"这一事实考虑在内，所以高估了家庭户数增长对能源消费增长的贡献。

1.2.2 人口城镇化的影响研究

研究人口城镇化对能源消费和碳排放影响的文献相当之多，但由于研究包含的区域和时期不同，有的是对短期影响的考察，有的是对长期影响的考察，往往会得出不同甚至完全相反的结论（Jones，1989；Liu，2009；Parikh，1995）。争论和分歧主要在于侧重点不同：

从长期的、经济发展和动态演变的角度来看，人口城镇化通常会带来规模经济效应、技术革新、能源使用效率提高以及生育率下降，从而导致长期的能源消费和碳排放减少（Jiang et al.，2009）；但从短期的、居民消费的角度来看，随着农村人口进入城镇，其生活方式和消费模式转变、收入水平提高，将导致能源消费总量增长和类型结构变化（Jiang and O'Neill，2004；Pachauri and Jiang，2008）。这些研究既有宏观（国家层面）的，也有中观（城市层面）的，还有微观（家庭户层面）的，具体评述如下：

在国家层面的实证研究中，又可根据所使用数据的结构类型不同，分为横截面分析、时间序列分析和面板数据分析。最早的研究开始于横截面分析，琼斯（Jones，1989）利用1980年59个发展中国家的国别数据，发现城镇化水平对人均能源消费量具有正向影响，虽然城镇化水平提高会给城市带来规模经济效应，但是单位产值能源强度和交通能耗的提高使得人均能源消费量不降反升。约克（York et al.，2002、2003）分别利用1991年137个发达国家和发展中国家、1996年146个发达国家和发展中国家的国别数据，运用STIRPAT模型，同样证明城镇化会带来能源消费的增加。单纯的时间序列分析不多，只是零星可见。例如，阿拉姆（Alam et al.，2007）运用类似于STIRPAT结构的模型，发现巴基斯坦的城镇化和碳排放呈显著的正相关关系。刘（Liu，2009）运用ARDL和FDM模型，发现中国的城镇化对碳排放同样具有正向的影响，但其影响程度正在减弱，原因是产业结构转型升级、技术进步和能源利用效率提升。

面板数据分析是宏观实证研究中使用最多也最有说服力的方法。帕里克和舒克拉（Parikh and Shukla，1995）利用1965~1987年78个发达国家和发展中国家的数据，发现城镇化会增加人均能源消费量，该总体影响主要通过三种影响方式的中和实现：传统燃料（煤、生物质）向现代清洁燃料（电、天然气）转型、产品和服务需求扩大所间接导致的生产能源消费、家庭户居家和交通出行的直接能源需求扩大。约克（2007a，2007b）运用 STIRPAT 模型，分别利用 1960～2000 年 14 个发达国家和 1971～2002 年 14 个亚洲国家的数据，发现在世界上最发达、城镇化水平最高的国家中该正向影响关系依然存在，但是在亚洲国家城市化和能源消费的关系却是负向的。米什拉等（Mishra et al.，2009）利用 1980～2005 年 9 个太平洋岛国的数据，发现在斐济、法属波利尼西亚、萨摩亚和汤加城市化与能源消费的关系是正向的，且弹性系数高达 2.41，在所有文献中是属于异常高的；但是在新喀里多尼亚（New Caledonia）却存在负向影响关系；在研究中的其余国家，该关系却不显著。利德尔（Liddle，2004）发现城市化、人口密度与人均交通能源消费都呈相关，隐含的原因是人口密集的城市化社会具有相对较小的交通出行需求。

在城市层面的实证研究中，主要涉及城市人口密度、城市富裕程度（人均收入）、城市发展阶段对能源消费的影响。其中有关城市人口密度的研究最为广泛，最早可见的纽曼和肯沃西（Newman and Kenworthy，1989），利用高收入国家的 32 个城市的数据进行统计分析，发现城市人口密度对交通能源消费的影响是负向的；对发展中国家的研究，也发现了类似的结论，如陈等（Chen et al.，2008）利用中国城市的数据，发现城市人口密度与人均居民能源消费是呈负相关的；另外的研究也都发现城市人口密度与交通能源消费（Kenworthy and Laube，1999；Liddle，2013）、居民电力消费（Lariviere and Lafrace，1999）、二氧化碳排放（Marcotullio et al.，2012）的负相关性。可见，这是一个普适性的规律。有关城市富裕程度影响的研究发现，相对较富裕城市的人均温室气体排放量显著低于全国平均水平，这一方面是因为富裕城市的建筑密度高、单位建筑面积小，使得取暖、制冷和照明等能源消耗相对较低；另一方面是因为富裕城市拥有完善的公共交通体系，私家车的拥有率反而低于全国平均水平（Dodman，2009）。有关城市发展阶段影响的研究发现，相对而言，处于城市发展较高阶段的城市（东京和首尔），人均碳排放量较低；而处在城市发展较低阶段的城市（北京和上海），人均碳排放量较高（Dhakal et al.，2009）。

在家庭户层面的研究中，主要涉及城市和农村家庭户能源消费的差异及其原因、以微观数据嵌入系统模型来揭示城镇化的影响机理。帕乔里（Pachauri，2004）利用印度的微观数据发现，当直接比较时，城市的家庭户人均能源消费需求高于农村，但当控制家庭户收入和支出、家庭户规模、住房特征等因素时，城市居民反而比农村居民具有更小的能源消费需求。帕乔里和蒋未文（Pachauri and Jiang，2008）对比分析印度和中国的微观数据，同样发现相类似的结论，并解释了其中的原因：农村地区因为较多使用煤和生物质燃料等传统能源，能源使用效率较低，故单位能源强度反而较高；当家庭户由农村迁入城市，将更多地使用电和天然气等现代能源，能源使用效率较高，故单位能源强度反而较低。另外，还有一些研究也都证实城市化在家庭户能源消费转型的过程中扮演着重要的角色（Barnes et al.，2005；DeFries and Pandey，2009）。最新的研究进一步解释了其中的机理（O'Neill et al.，2012；Krey et al.，2012），将印度和中国的微观数据嵌入 iPETS、GCAM、IMAGE 和 MESSAGE 等系统模型，发现城市化主要通过三个方面影响能源消费：城乡居住地转化使得人们的能源消费偏好变化、城乡能源供应的基础设施差异、收入提高改变消费模式，其中收入的影响作用最为显著，且将在未来更加凸显。

综上所述，虽然国家层面的多数研究表明城市化会提高能源消费，但也存在诸多的反例，争论一直不断；相对而言，城市层面和家庭户层面的研究具有一些普适性的结论。究其原因，笔者认为当分析尺度由下往上缩小，受其他社会经济因素的交互影响增大，人口城镇化与能源消费的关系很大程度上可能是两者分别与经济发展关系的协同作用。因此，在研究中以微观数据嵌入系统模型最具有说服力。

1.2.3 家庭户规模小型化和人口年龄结构变动的影响研究

学者们利用微观数据（家庭户层面数据）的诸多实证研究都表明，居住和交通出行活动的能源消费受到家庭户规模和年龄结构的影响（O'Neill and Chen，2002；Liddle，2004；Prskawetz et al.，2004）。利用宏观数据（国别数据）的实证研究相对较少，但也得到了类似的结论（Cole and Neumayer，2004；Liddle，2004；Liddle and Lung，2010）。

无论微观层面还是宏观层面的实证发现，家庭户规模的影响都是非常明确的，得出了一个普适性结论：大家庭户的人均生活用能明显低于小家庭户，这在很大程度上可以理解为家庭户层面能源消费所存在的规模经济效应（Ironmonger et al.，1995；Vringer and Blok，1995）。利德尔（Liddle，2004）发现在 OECD 国家中，家庭户规模较大的国家，其人均道路交通能源消费相对较少。柯尔和纽梅耶（Cole and Neumayer，2004）发现，不管是发达国家还是发展中国家，家庭户规模较大的国家，其人均碳排放量都相对较小。

年龄结构的影响相对而言较为复杂，主要表现为两个方面：一方面，源于生命周期效应，不同年龄的人口具有不同的收入水平和生活方式，进而产生不同的（能源）消费模式；另一方面，源于与家庭户规模的交织影响，户主的年龄与家庭户规模相关，青年人户主和老年人户主通常具有较小的家庭户规模，而中年人户主通常具有较大的家庭户规模（Liddle，2014）。由于年龄组划分不同、队列人群不同、国别区域不同等原因，很难像家庭户规模的影响一样，得到一个普适性结论。

微观层面的实证研究，一般以户主年龄作为家庭户年龄结构的代表。奥尼尔和陈（O'Neill and Chen，2002）利用美国居民能源消费调查和美国居民交通能源消费调查数据，以户主年龄为指标，进行 5 岁组划分，运用标准化分解的方法，分析不同年龄的家庭户直接能源消费的差异，结果认为：家庭户人均能源消费随户主年龄增长而增加，其中居家生活的能源消费呈持续增长，交通出行的能源消费呈现"倒 U 型"，在 51～55 岁达到高峰后呈下降趋势；老年人的交通能源消费明显降低，但用于住房取暖和空调等的居家生活能源消费反而增加，两者总和也呈增加趋势。桑切斯（Sanchez，2013）利用墨西哥家庭户收入和支出调查，同样以户主的年龄为指标，运用多元回归的方法，分析家庭户直接能源消费的年龄效应，结果同样表明家庭户人均能源消费随户主年龄增长而增加。道尔顿等（Dalton et al.，2008）利用美国消费者支出调查（CES）数据，以户主年龄的不同构建多代际的世代交叠模型，将包括年龄结构在内的家庭异质性嵌入 PET 模型，研究全面考察家庭户的直接和间接能源消费需求，认为人口老龄化对长期碳排放具有抑制作用。

宏观层面的实证研究，一般利用世界银行或 OECD 的国别数据，使用最通用的年龄分组方法（小于 15 岁、15～64 岁、65 岁以上）来表示年龄结构，但大多数这样的研究并没有能够发现年龄结构对能源消费具有显著性影响（York et al.，2003a）。当年龄分组方法进一步细化，使之更为接近生命周期模型时，年龄结构和能源消费开始呈现复杂的、非线性的显著关系。利德尔和龙（2010）利用发达国家的数据构建 STIRPAT 统计模型，发现相对年长的年龄组对交通碳排放具有较小的弹性（35～64 岁年龄组的系数为负，20～34 岁年龄组的系数为正），但对居家电力消费却具有较大的弹性（35～49 岁年龄组的系数为负，50～64 岁年龄组的系数为正）。利德尔（2011）利用 OECD 国家的数据构建 Cointegration – STIRPAT 模型，发现相似的结论：就交通能源消费而言，20～34 岁的青年人是消费强度最大的群体（系数为正），而其他年龄组的系数都为负；就居家电力消费而言，年龄结构呈现"U 型"的影响，20～34 岁的青年人和 70 岁以上的老年人的系数为负，中年人（30～49 岁和 50～69 岁）的系数为正。马冈田（Okada，2012）、门茨和威尔士（Menz & Welsch，2012）分别研究了人口老龄化对交通碳排放量和碳排放总量的影响。前者发现 65 岁以上老年人口比重上升会带来交通碳排放量的下降。后者发现 30～59 岁的中年人对碳排放总量的影响系数是负的，而 60 岁及以上老年人的系数反而是正的，并分析队列效应，认为 1960 年以后出生的人口会增加碳排放总量。

综上所述，笔者认为目前国际上关于家庭户规模、年龄结构与能源消费关系的研究存在着两个主要问题：

一是，如果简单地认同家庭户规模对能源消费影响的普适性结论，可能会因为忽略了年龄结构因素在其中的作用而面临挑战。其蕴含的一个重要假设——不同年龄人口影响的同质性，实质上是不成立的。通常家庭户规模的减小，同时也伴随着家庭户年龄结构的变化。因此，两者的影响无法独立地来看，其交互影响（家庭户生命周期效应）应该被予以重视。

二是，微观层面的研究以户主年龄作为衡量年龄结构的指标有明显的缺陷。一方面，户主年龄不能代表整个家庭户的年龄结构，户主年龄相同的家庭户，有可能会拥有完全不同的人口年龄性别结构；另一方面，由于不同年龄人口的户主率不同，全社会的户主年龄结构不能代表全部人口的年龄结构，特别是在中国等代际共居比例相对较高的国家，分析结果可能会有很大偏差。

1.2.4 国内学者的研究

国内在"人口—（能源）消费—碳排放"这一领域的研究起步很晚，到目前为止也只有不足十年的时间。但在短短的时间里，立足于中国的实际问题，也取得了一定的学术成就。特别是 IPAT 模型及其改进模型在中国已经得到较为广泛的应用。就研究内容而言，主要涉及人口规模增长、人口城市化、人口老龄化、家庭户规模小型化和家庭户数量增长等人口变动因素对（能源）消费、碳排放的影响。

与国外文献的脉络相仿，国内的相关研究最早也只涉及人口规模的单一影响。虽然研究的具体定量结果各有差异，但结论都表明人口规模增长对中国的能源消费和碳排放具有不可忽视的影响。朱勤等（2009）对 Kaya 恒等式进行扩展后，应用 LMDI 分解方法建立因素分解模型，对 1980 ~ 2007 年中国的能源消费碳排放的驱动因素进行分解分析，发现人口规模的驱动效应有 20.2% 的贡献率。王峰等（2010）研究了 1995 ~ 2007 年中国二氧化碳排放量增长的驱动因素，认为人口总量的贡献率为 1.3%。冯相昭和邹冀（2008）运用改进的 Kaya 恒等式，对中国 CO_2 排放量影响因素进行了无剩余分解，结论表明经济发展和人口增长是主要驱动因素，人口因素在 CO_2 排放贡献中始终占据着一定份额（约 14%），保持人口低增长对减少 CO_2 排放具有不小的贡献。原艳梅等（2009）利用动态 IPAT 模型研究了基于人口和经济的中国能源可持续发展的动力学，认为即便中国人口增长控制得当，经济增长按年 7% 的增长率预测，能源供需仍不平衡。

当前，已有越来越多的学者发现人口结构变化对中国能源消费与碳排放的影响已经超越人口规模增长的单一影响力（彭希哲和朱勤，2010）。其中，人口城乡结构和年龄结构的影响最为显著。人口城市化对能源消费和碳排放的影响主要体现在农村人口转变为城镇人口的过程中所引发的生产方式与消费模式变化。朱勤和魏涛远（2013）通过对 Kaya 恒等式的向量形式的扩展，将人口城乡结构及城乡居民消费等变量纳入考察范围，在此基础上采用 LMDI 方法将碳排放变动分解为人口规模、人口城镇化、居民消费等六种效应，测度各因素的贡献值与贡献率，发现 20 世纪 90 年代中期以来人口城镇化对碳排放增长的驱动力已持续超过人口规模的影响。年龄结构的变化主要表现为老龄化程度日益加深，研究开始关注于人口老龄化对能源消费和碳排放的抑制效应。刘辉煌和李子豪（2012）利用 1990～2008 年全国层面和 1995～2008 年省级层面数据，对中国人口老龄化与碳排放之间的关系进行了考察，结果表明老龄化与碳排放之间存在显著的"倒 U 型"曲线关系，当年未到达拐点，故近年来人均碳排放仍在增加。

同时，还有一些文献关注家庭规模减小趋势带来的碳排放增加，既有微观家庭户层面的研究（傅崇辉等，2013），也有宏观国家层面的研究（陈佳瑛等，2009；彭希哲和朱勤，2010；肖周燕，2012）。傅崇辉等（2013）经过敏感性分析，发现人口因素对居民生活消费影响的关键纽带是"规模效应"，即家庭户规模减小带来的影响。陈佳瑛等（2009）通过对扩展的 STIRPAT 模型进行修正，就中国 1978～2007 年家庭模式变化对碳排放的影响进行了实证分析，发现家庭规模与总户数对于碳排放量增长具有较大影响力。彭希哲和朱勤（2010）的类似研究认为，家庭规模缩小导致家庭户增多、人均消费支出增加从而间接推动了居民消费规模的扩张，对中国碳排放增长的影响大于人口规模的作用。肖周燕（2012）应用 VAR 模型，通过脉冲响应函数分析中国的时间序列数据，发现家庭户规模减小对碳排放的影响大于家庭户数量增多带来的影响。

1.2.5 本书研究的切入点

总体上看，国外关于人口变动对能源消费和碳排放影响的研究已经较为全面，但仍存在以下几方面需要进一步改进和拓展之处。其一，对于人口变动与居民家庭户消费和碳排放的深入研究相对还较少。居民家庭户是与人口变动联系最紧密的生产和消费单元，也是人类社会第二大能源消费部门。从人口学视角出发的研究，应该对此予以更多关注。其二，对于人口变动对消费和碳排放影响的内在机理解释还较少。除了 PCE 理论框架中提到将"消费"嵌入到人口与环境的关系研究以外，其余的实证研究都缺乏理论的解释和提升。其三，关于家庭户规模、年龄结构与能源消费关系的研究存在家庭户规模的年龄结构异质性、户主年龄的代表性缺乏等问题。其四，关于人口城市化与能源消费关系的研究主要局限在人口城镇化水平与能源消费关系的计量分析，较少关注人口城市化与其他人口变动、居民生活方式的交互影响。

国内的研究基本上处于借鉴国外的理论、方法和具体研究内容，并将其应用于中国实际问题的状态，原创性的研究很少。所以，国外研究中存在的若干问题在国内研究中也同样存在。同时受国内数据（特别是微观数据）缺乏的影响，研究尺度往往较大，以宏观层面为主，微观层面的研究很少，表现为对人口学特征、家庭户特征的深度挖掘还不够。因此，本书将在国内外相关研究文献的基础上，尝试对研究中存在的上述问题进行改进。主要的切入点，有以下几个方面：

（1）聚焦于居民家庭户，探索人口与家庭户进程中居民能源碳排放的变动规律，并分析各项人口变动在其中的作用，尝试为"人口—能源消费—碳排放"提供更为具体化的逻辑链条。

（2）尝试解释人口变动对居民消费和碳排放的内在影响机理，并在此基础上，探索居民生活碳排放实现的理论机制，从人口与家庭户变动的角度提出居民生活碳排放收敛的三个理论条件。

（3）将生命周期嵌入 IPAT 理论框架，从家庭生命周期理论更好地解释不同年龄的人口及其对应的家庭户变动，从生命周期消费理论更好地解释不同年龄人口的消费变动，从而更好地分析人口年龄结构、家庭户规模对能源消费的影响。

（4）尝试在城镇化与其他人口变动的互动关系下，构建城镇化、老龄化和家庭户小型化互动中的家庭户城镇化对居民生活碳排放影响的系统模型。

1.3 研究问题与框架

1.3.1 研究问题

"坚持共同但有区别的责任"是巴黎气候峰会上各国的主要分歧点，美国等发达国家仍然要求强调"共同责任"，而大部分欠发达国家则继续要求强调"差别化原则"。由于商品和服务的生产地和消费需求地因国际贸易而存在一定程度的分离，以生产原则和以最终消费原则评估的国家碳排放责任存在明显差异。如何确定国别碳排放规模和国际排放权分配是分歧的焦点。从本质上看，最终消费才是温室气体大量排放的根本原因（樊纲等，2010）。本书从居民基本生存和发展需求出发来提出研究问题，应该更能体现可持续发展的公平性原则。从国际视野来看，分析过去、现在和未来我国居民消费碳排放的规模及其变动趋势，可以在气候变化谈判中确定人口基本生存和发展的碳排放底线，更好地从"以人为本"的角度争取碳排放空间。从国内视野来看，分析在人口和家庭户城镇化背景下城乡居民消费碳排放的规模和结构变动趋势、驱动因素、城镇化效应的影响机理，可以更好地认清国家碳减排战略下居民消费的减排空间和潜力大小，更有效地服务于城镇化进程中以居民家庭户为主体的节能减排政策，增强战略的导向性和政策的靶向性。

本书的研究内容包括以下几个方面的科学问题：

（1）人口与家庭户城镇化的进程具有什么样的内在机理？呈现什么样的变动规律？

（2）家庭户城镇化对城乡居民能源消费碳排放具有什么样的影响效应？影响效应具有什么样的组成结构和变动规律？

（3）在当前及未来的我国人口变动趋势下，城乡家庭户数会呈现什么样的变动？全国家庭户总数何时达到峰值，峰值规模多高？家庭户城镇化达到什么水平？家庭户规模小型化到什么程度止步？

（4）在未来人口与家庭户城镇化的进程中，居民（能源）消费规模和结构会呈现什么样的变动？居民生活碳排放能否达到峰值，何时达到峰值，峰值规模多高？如果能够达到峰值，其实现的内在机制是什么，家庭户城镇化在其中扮演什么角色？

1.3.2 研究框架

如图 1.1 所示。

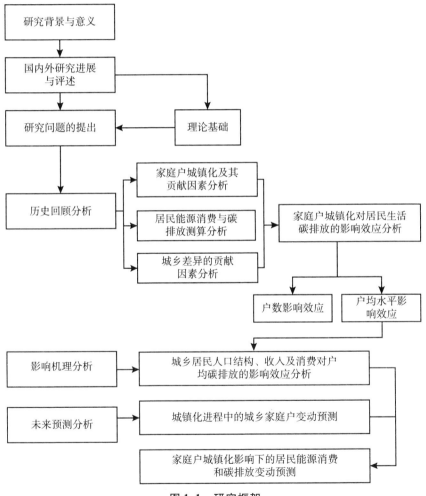

图 1.1 研究框架

1.4 研究内容

根据上述研究思路和框架，本书共分为九章：第 1 章为绪论；第 2 章为理论基础与框架；第 3 ~ 5 章是 1995 年以来的回顾，分别为城乡家庭户数变动与家庭户城镇化的贡献因素分析、城乡居民直接和间接生活能源消费及碳排放的测算与分析、家庭户城镇化对居民能源消费和碳排放的影响效应——基于城乡差异的因素分解分析；第 6 章基于历史、承接未来，为城乡居民家庭户人口结构、收入及消费对户均生活碳排放的影响机理分析；第 7 章和第 8 章是当前至 2050 年的预测，分别为人口城镇化进程中的家庭户变动预测分析、家庭户城镇化影响下的未来居民生活能源消费和碳排放仿真分析；第 9 章为结论、讨论与展望。具体研究内容如下：

第 1 章首先介绍研究背景与意义，然后围绕人口—能源消费—碳排放的研究进行国内外文献评述，在此基础上提出本研究的出发点，阐述研究的主要问题、研究的思路和框架。

第 2 章首先对 IPAT 理论框架、第二次人口转变与家庭转变理论、生命周期理论、城市化与环境的相关性理论、环境库兹涅茨（EKC）理论进行梳理，然后凝练出本研究对于这些理论的继承与发展，最后提出全书的理论分析框架。

第 3 章首先分析 1995 年以来城乡家庭户变动与家庭户城镇化的历程，然后构建城乡家庭户数变动的理论模型并提出实证方法，最后分析城乡家庭户数变动和家庭户城镇化的贡献因素构成及其变动特征。

第 4 章首先界定城乡居民直接和间接生活能源消费及碳排放的若

干概念，然后总结、确定测算方法并梳理各种原始数据，最后分别对 1995 年以来居民直接能源消费与碳排放、间接能源消费与碳排放进行测算与分析。

第 5 章首先构建居民生活能源消费和碳排放城乡差异的因素分解模型、家庭户城镇化的影响效应模型，然后分析 1995 年以来城乡差异的贡献因素及其变动特征，最后测算和分析 1995 年以来家庭户城镇化对城乡居民生活能源消费和碳排放的影响效应。

第 6 章首先分别构建居民消费模型与户均间接碳排放模型、居民直接能源消费模型与户均直接碳排放模型，然后对城镇和农村分别建立统计模型并分析模型的参数估计和检验结果，最后分析城乡居民家庭户人口结构、收入及消费对户均生活碳排放的影响机理。

第 7 章首先将传统户主率家庭户预测模型改进和拓展为多维户主率家庭户预测模型，然后利用微观家庭户数据计算多维户主率，最后在人口预测结果的基础上预测当前至 2050 年城乡家庭户数的变动。

第 8 章首先将未来城乡人口预测、家庭户数变动预测与户均生活碳排放模型建立联系，然后在确定收入外生变量未来变动趋势的基础上，假设模型以外的其他因素保持不变，预测当前至 2050 年城乡居民直接和间接生活碳排放规模和结构的变动趋势，最后分析在未来不同的人口城镇化情境下城乡居民生活能源消费碳排放的变动及其差异。

第 9 章首先总结本书的主要研究结论，然后讨论本书的创新点和可能的学术贡献，接着针对相关领域的公共政策提出若干建议，最后对未来进一步研究进行展望。

第 2 章

理论基础与框架

2.1　相关理论基础

2.1.1　IPAT 理论框架

经典的马尔萨斯理论认为人口规模呈指数增长，而食物生产呈线性增长，食物生产赶不上人口增长的速度，因此会导致自然的"抑制"，如饥荒（Malthus，1798）。马尔萨斯理论的拥护者被称为"新马尔萨斯主义"，他们认为生育率不加控制导致的人口呈指数增长将导致地球资源被耗尽、生态面临崩溃。很多社会科学家并不认同马尔萨斯理论的观点，认为该理论将人类与其他物种无区别地对待，没有考虑到人类可以通过文化适应、技术进步、贸易和制度安排来超越本地区的人口承载力（Boserup，1976，1981；Stern et al.，1997；Simon，1981，1992）。但不可否认新马尔萨斯主义聚焦于人口规模和增长对环境恶化所起到的作用，是具有时代意义的。

IPAT 理论框架最早由艾利奇和考莫勒（Ehrlich and Commoner）于 20 世纪 70 年代提出，是对新马尔萨斯主义的超越。如今已被广泛应用于人口增长对能源和碳排放的影响等研究，同时也被用来研究人口与其他环境因素的相关性。该模型由等式 $I = P \times A \times T$ 构成，其中 I（impacts）代表对环境的影响，P（population）代表人口，A（affluence）代表财富（人均产出），T（technology）代表技术（单位产出的环境影响）。模型的本质是一个恒等式，kaya 等式（Kaya，1990）就是在此基础上演变而来的。IPAT 理论模型最大的特点便是其可变性，极易根据研究的需要通过对等式右边变量的替代或进一步分别来建立新的模型。例如，IHAT 模型，就是将等式右边的"人口"分解为家庭的数量和家庭的平均规模两者的乘积，在研究"家庭户 – 能源消费 – 碳排放"中取得了较好的效果。当然，IPAT 理论模型也存在很大的局限性：没有考虑等式右边各因素之间可能存在的交互关系，如财富增长能带来技术进步；忽略了文化和制度的重要影响，如关注环保的社会组织对环境改善的重要作用；环境影响与等式右边的各要素并不是简单的线性关系，没有考虑重要的阈值的存在，这直接导致了某些结果出现错误的结论（Hayes，1995）。

人口规模与环境具有内在相关性，是因为人口（个体/家庭户）对资源的消费和消费过程中产生的环境污染。因此，近年来有不少学者尝试对 IPAT 理论框架进行改进和拓展。柯伦盖尔等（Curran and Sherbinin，2004）将消费活动、行为及生活方式组成的消费因素集放入"人口—环境"的理论框架，构成"人口—消费—环境"（PCE）的理论模型，将消费视为人口与环境相关性得以实现的中介变量和媒介因素。因为家庭户通常是人们消费的主要单位，甚至在某些发展中国家也是生产的主要单位（Liu et al.，2003；O'Neill and Chen，

2002），Bradbury（2014）在 IPAT 模型的基础上提出了 I = PHoG 的理论模型，环境影响（I）= population × personal goods（P）+ households × household goods（HoG），将人口对环境的影响分为个体和家庭户两个层面。

2.1.2　人口转变理论与家庭收敛理论

人口转变理论是现代人口学的核心（Demeny，1972）。从汤普森（Warren Thompson）在 1929 年最早提出人口转变（Demographic Transition）的概念，到以兰德里（A. Landy）、诺特斯坦（Frank Notestein）等为代表的西方人口学家对欧洲人口变动的历史过程、主要阶段和演变规律的概括，创立了"人口转变"理论，再到寇尔（Coale）、考德威尔（Caldwell）对理论诠释的不断补充和完善，该理论已被整个社会科学界长期关注和持续发展。

早期人口转变理论，是对人口转变狭义的、传统的理解，即人口再生产类型的转变。从"高出生率—高死亡率—低自然增长率"的传统类型逐步向"低出生率—低死亡率—低自然增长率"的现代类型转变（Thompson，1929；Landry，1934；Notestein，1945；Demeny，1972；Caldwell，1976）。第二次人口转变理论，力图解释生育率在降到更替水平以后继续低迷、甚至继续下降的原因，其关注的是婚姻、生育、家庭的多元化生命历程（蒋耒文，2002）。以同质性很强的家庭类型为主流转向以多元化的家庭类型为主流，家庭模式从"孩子至上"逐步转向"夫妻至上"，单亲家庭、独居家庭、空巢家庭、同居家庭、混合家庭等非传统的家庭增加，子女离开父母独立生活的时间推迟（Van de Kaa，1987；Lesthaeghe，2010）。因此，第二次人口转变的核心内涵其实是家庭收敛与转变的过程。

按照家庭收敛理论（Convergence Theory）的观点，随着社会经历城市化和工业化的进程，家庭户规模将逐步缩小，通常从大于5下降为小于3，结构复杂性降低，并趋于核心化（Goode，1963）。事实上，无论是发达国家，还是发展中国家，都正处于或已经完成收敛的过程。邦戈茨（Bongaarts，2001）认为大部分发达国家在19世纪后半叶就已经开始收敛趋势，并通过九个发展中国家1950～1990年的家庭户调查数据，发现发展中国家也在经历这一过程，但是趋势相对缓慢，其中五个国家的家庭户规模出现了下降，另有四个国家却相对稳定，甚至还有上升。布拉德盾里等（Bradbury et al.，2014）通过1600～2000年213个国家的历史数据，发现发达国家在1893年达到了家庭户规模增长的"拐点"，此后开始从5.0下降到2.5；发展中国家在1987年出现了类似的"拐点"。刘建国等（Liu et al.，2003）通过标准化因素分解的方法，得到家庭户规模变动和总人口规模变动对家庭户数量变动的相对贡献率，发现即使人口增长减缓，仍将有数以亿计的新增家庭户产生。至于产生这一系列变化的原因，主要有生育率降低导致的少子化、预期寿命提高导致的老龄化、离婚率提升以及居住倾向的小家化等（Klinenberg，2012；Yu and Liu，2007；Beresford and Rivlin，1966）。

2.1.3 环境库兹涅茨（EKC）理论

在人口与环境的互动关系中，收入的提高是一个特别重要的因素。美国经济学家格罗斯曼和克鲁格（Grosssman and Krueger，1991）最早提出"污染在低收入水平上随人均GDP增加而上升，到达高收入水平后随人均GDP增长而下降"的假说。帕纳约托（Panayotou，1995）借用反映人均收入与收入不平等之间关系的库兹涅茨曲线

（Kuznets，1955）将环境质量与人均收入之间的关系概括为环境库茨涅茨曲线（EKC）。"倒 U 型"曲线，很好地诠释了在经济发展和国民收入增长过程中人均收入与环境污染之间关系的演变规律。EKC 的理论解释主要有：（1）规模效应、技术效应和结构效应，即在经济增长初期，经济规模不断扩大导致环境质量下降，但当经济发展到一定水平后，技术水平提高、产业结构向服务业和知识密集型产业转型，环境质量得到改善；（2）环境质量需求效应，当收入水平提高，人们开始关注自身对于环境质量的需求；（3）环境规制效应，随着政府财力和管理能力增强，重视并出台环境法规，进而促使环境污染降低，等等。

对于 EKC 的理论批评也一直不断，诸如批评其收入仅是一个外生变量的假定，一些研究将碳排放总量（Wagner，2008；York et al.，2003a）或生态足迹（Jorgenson and Burns，2007；York et al.，2003b）作为环境指标进行实证分析，都没有发现 EKC 曲线的存在。但这并不能否认该理论的权威性，一个重要的佐证是其与生态现代化理论的相似性。后者将城市化作为现代化的标志之一，也认为：当现代化程度从低水平到中水平发展时，环境问题会趋于严重，但当现代化水平继续发展到更高水平后，环境问题会趋于好转（Mol and Spaargaren，2004）。

2.1.4 "城市化—环境"相关性理论

城市环境转型理论阐释了城市环境问题的类型转变及其演化规律，认为城市处在不同的发展阶段会面临不同类型的环境问题（McGranahan et al.，2002）。在城市发展的初级阶段，由于有限的资源约束，会面临贫困带来（poverty-related）的环境问题，比如因清洁燃料的可得性不足而使用传统燃料导致的室内空气污染。在城市发展的中级阶段，随着城市经济发展，工业生产活动日趋活跃，环境问题逐渐转向由工业污染带来（industrial pollution-related）的类型。当城市发展逐步走向高级阶段，随着产业结构转型升级、技术进步和环境意识增强，由工业污染带来的环境问题开始减少，但由消费带来（consumption-related）的环境问题加剧，比如消费模式和生活方式对资源消耗的强度增大。当然，这三种类型的城市环境问题完全有可能在同一发展阶段同时出现（Bai and Imura，2001；Marcotullio et al.，2003）。但上述三种类型作为每个阶段的主要问题还是有一个理论解释力度的（Poumanyvong and Kaneko，2010）。

　　紧凑城市理论主要阐释城市紧凑带来的环境好处，认为城市的高密度可以使得公共基础设施（交通和能源供应等）享有规模经济效应，并可减少人们对汽车的依赖、降低交通行驶距离、较少能源消费和碳排放（Capello and Camagni，2000；Newman and Kenworthy，1989）。当然，该理论也存在着一些争议，譬如有学者认为城市密度提高会带来交通拥堵和更高强度的空气污染，这些将会抵消并超过城市紧凑带来的好处（Breheny，2001）。因此，有学者认为城市密度提高需要有相应的城市基础设施配套，否则便会导致更高的能源使用和排放，带来严重的城市环境问题（Burgess，2000）。

2.1.5　生命周期消费理论与家庭生命周期理论

　　莫迪利亚尼（Modigliani，1986）提出的生命周期消费理论，是最为经典的反映跨时最优消费决策的消费函数理论。基于对人生不同阶段收入与消费的关系考察，发现壮年时期收入与消费都高，收入大于支出，少年时期和老年时期收入和消费都低，收入小于支出。从而得出如下理论假说：人们都会追求一生消费效用的最大化，因而会将预期一生的全部收入在生命周期的各个阶段进行最优消费决策分配。该理论很好地刻画了消费与年龄之间的关系，大量实证研究也都给予了定量的支持，表明消费先随着年龄的增长而逐渐增加，在 50~55 岁达到峰值，随后逐渐下降（Miniaci et al.，2010；Rob & Ree，2009；白仲林等，2012）。虽然生命周期假定在一定程度上符合客观事实，但现实生活中居民消费更多地表现出对现期收入的依赖。另外，该理论以个体生命周期为基础，主要反映以个体为单位的消费行为，但以户为单位的消费更多地受到家庭生命周期的影响，特别是在代际共居现象非常普遍的中国和其他发展中国家（Rosenzweig & Zhang，2014）。

格利克（Glick，1947）确立的家庭生命周期理论，从核心家庭的角度，描述了一个家庭从诞生到消亡的生命历程，即形成、扩展、稳定、收缩、空巢和解体六个阶段。后来，有更多的学者从不同的角度将家庭生命周期划分成不同的阶段（Duvall，1971；Rodgers et al.，1981）。但无论在形式上如何划分，家庭生命周期的理论假设始终存在着。田丰（2012）将其概括为"过程性"假设和"可分割性"假设，即每个家庭都要经历从诞生到消亡的生命过程，且都可以划分为特征清晰可识别的不同阶段。吴帆（2012）补充了"关联性"假设和"过程性"假设，即不同阶段之间都存在着内在联系，且每个阶段都会导致家庭的系统性变化。家庭生命周期理论的内涵十分丰富，与家庭户收入和消费都有着密切联系。

2.2 理论框架构建

2.2.1 框架的主线：嵌入生命周期的 IPAT 理论

根据 IPAT 理论框架，人类活动对碳排放的影响通过人口（家庭户）规模、富裕程度（收入、消费、产出）和技术水平的变化而产生。当分析消费侧视角的碳排放影响时，技术水平便成为外生变量，人口（家庭户）规模与收入（消费）水平则是该理论框架中被抽象简化后的两个内生变量。人口（家庭户）规模反映消费侧的排放单位数量，收入（消费）水平反映消费侧排放的单位强度。该理论框架尚未将人口（家庭户）规模与收入（消费）水平的内在关系考虑在内，也未考虑人口结构性因素的内在影响。人口结构不仅长远地影响着人口（家庭户）规模的变动，即人口变动的自效应和家庭生命周期效应；同时也影响着当前的收入（消费）水平，即生命周期消费效应。因此，本书的理论框架将家庭生命周期理论和生命周期消费理论嵌入IPAT 理论模型（见图 2.1），并将其作为框架的主线。该理论框架的特点是考虑不同年龄人口的异质性和家庭生命周期不同阶段的异质性，而不是传统框架中将不同年龄人口、不同家庭生命周期阶段都同质化对待。

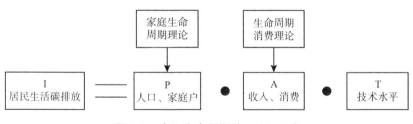

图 2.1　嵌入生命周期的 IPAT 理论

2.2.2　框架的起点：家庭户城镇化的多要素理论

人口城镇化在本质上是人口从农村到城镇的空间属性变换过程，是人口城乡空间结构的变动过程，表现为城镇人口占总人口比重的提高。本书所提出的"家庭户城镇化"是家庭户整体一次性或分批从农村到城镇的空间属性变换过程，是家庭户城乡空间结构的变动过程，表现为城镇家庭户占家庭户总数比重的提高。家庭户城镇化相比人口城镇化具有更为丰富的内涵：从微观视角来看，不仅涉及人口与家庭户空间属性的变换，还涉及家庭户的分裂与重构；从中观视角来看，不仅涉及人口与家庭户城乡空间结构的变动，还涉及城乡家庭户数量、规模、结构的协同变化，甚至还涉及家庭户与集体户的互动关系。因此，笔者提出的家庭户城镇化的多要素理论是本书理论框架的起点（见图 2.2）。

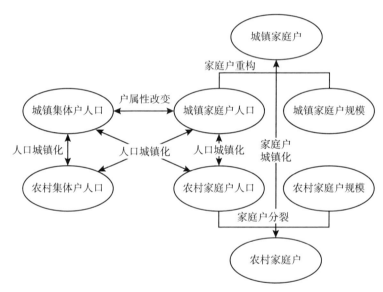

图 2.2　家庭户城镇化的多要素理论

2.2.3　框架的核心："三化"互动理论

从人口转变理论的视角来看，人口与家庭户城镇化对人口结构的影响不仅局限于其本身的影响，同时还伴有与人口年龄结构、平均家庭户规模变动交织产生的影响，即城镇化、老龄化、家庭户规模小型化在人口转变的大视野中处于并行互动的状态。根据第一次人口转变理论，人口老龄化是人口再生产从"高出生率—高死亡率—低自然增长率"的传统类型逐步向"低出生率—低死亡率—低自然增长率"的现代类型转变过程中死亡率先下降、出生率后下降产生的必然结果。人口与家庭户城镇化一方面通过迁移直接影响城乡人口的年龄结构，另一方面通过促进生育率（出生率）和死亡率变动而间接影响着城乡人口的年龄结构。根据第二次人口转变理论和家庭收敛理论，家庭户规模小型化是少子化、老龄化、婚姻和家庭多元化的必然结果。人口与家庭户城镇化一方面通过家庭户的分裂和重构直接影响家庭户规模，另一方面通过促进婚姻和家庭的多元化理念而间接影响着家庭户规模。根据家庭生命周期理论，人口年龄结构变动带来的老龄化及老年人口独立居住的倾向增强也意味着家庭户规模的变动。因此，城镇化、老龄化和家庭户规模小型化的"三化"互动理论是本书理论框架的核心，城乡人口年龄结构变动是其中的重要枢纽（见图 2.3）。

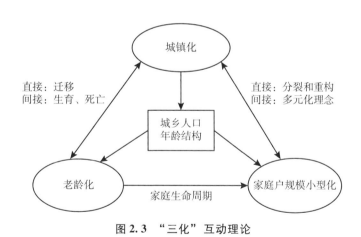

图 2.3 "三化"互动理论

2.2.4 框架的落脚点：居民生活碳排放收敛理论

根据 EKC/CKC 理论，人均碳排放或其他环境影响与人均收入

（人均GDP）呈"倒U型"关系。如果该理论适应于居民生活碳排放，那么人均生活碳排放将在人均收入达到一定程度后出现拐点，具备收敛的条件。当人均生活碳排放量收敛后，居民生活碳排放总量是否能够收敛将取决于家庭户数量和平均家庭户规模的变动。根据家庭收敛理论，结合各国的历史经验，家庭户规模从大于5下降为小于3后，往往会逐步停止下降，家庭户规模小型化的趋势终将收敛。在人口规模增长和家庭户规模小型化都趋于收敛时，家庭户数量也必将收敛。由于家庭户内部存在规模经济效应，在收入等其他情况都恒定的情况下，家庭户规模与人均生活碳排放存在此消彼长的逆向关系。但当同时考虑家庭户规模、人均生活碳排放及其互动逆向关系时，户均生活碳排放量也将收敛。可见，若上述理论假设都能成立，居民生活碳排放将完全具备潜在的收敛条件。因此，本书理论框架的落脚点将探索居民生活碳排放收敛的理论机制，验证EKC/CKC理论对居民生活碳排放的适用性。另外，在人口与家庭户城镇化的视野下，"城市化—环境"相关性理论对居民生活碳排放的适用性也将得以验证（见图2.4）。

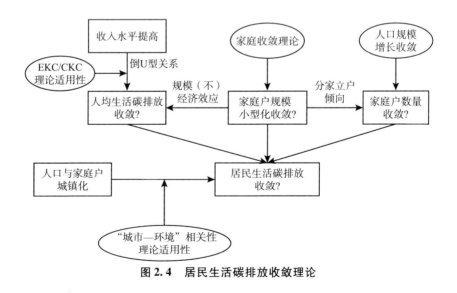

图2.4 居民生活碳排放收敛理论

2.3 本 章 小 结

本章首先梳理了本书的相关理论基础，分别探讨了 IPAT 理论框架、人口转变理论、家庭收敛理论、EKC 理论、"城市化—环境"相关性理论、生命周期消费理论与家庭生命周期理论对本研究的引导、借鉴和支撑作用，然后提出了本书特有的理论框架及其蕴含的理论假设。

本书构建的理论框架以嵌入生命周期的 IPAT 理论为主线，以家庭户城镇化的多要素理论为起点，以"三化"（城镇化、老龄化、家庭户规模小型化）互动理论为核心，以居民生活碳排放收敛理论为落脚点。嵌入生命周期的 IPAT 理论为本书以家庭户消费为切入点、考虑家庭户人口的异质性和消费异质性来分析人类活动的碳排放影响提供理论依据。家庭户城镇化的多要素理论为本书分析以家庭户为单位的城镇化历程及其各要素贡献变动提供理论依据。"三化"互动理论为本书分析城镇化、老龄化、家庭户规模小型化的交织影响下人口与家庭户城镇化对居民生活碳排放的作用机理提供理论依据。居民生活碳排放收敛理论为本研究分析人口与家庭户城镇化进程中的居民生活减排空间提供理论依据。

第 3 章

城乡家庭户数变动、家庭户
城镇化及其贡献因素分析

　　家庭户是人类社会行为的重要载体,人口的城镇化变动总是与家庭户变动相伴随行。根据 2010 年全国第六次人口普查数据,我国家庭户人口占总人口的 93.04%。可见,绝大部分人口都居住在家庭户之中。无论人口城镇化的过程还是其影响都以户为基本单元。一方面,乡—城人口迁移作为人口城镇化的主要途径,其在很大程度上是通过以户为单位整体一次性或成员个体分批而实现的,特别是 2000 年以来人口迁移的家庭化趋势更加明显(周皓,2004;盛亦男,2014),而通过区划调整实现的城镇化则更具有家庭化的特征。另一方面,人口城镇化对居民生活方式和消费模式的影响也是以户为单位、通过家庭户变动的间接传递而产生的。因此,考察和分析人口城镇化应该更加重视以家庭户为基本单元的视角,故本书提出"家庭户城镇化"的概念来刻画人口城镇化进程中农村家庭户转变为城镇家庭户的过程。在当前"以人为本"的新型城镇化发展阶段,深入分析城乡家庭户变动与"家庭户城镇化"的历程,对于认清人口城镇化和城乡一体化发展的现状及未来走向具有重要意义。

我国的家庭户统计数据一般只有在人口普查、小普查（1%人口抽样调查）以及每年一次的1‰人口抽样调查才能获得。随着抽样比的缩小，统计数据的准确性也随之降低，加之城乡划分标准经历了1990年、1999年、2006年和2008年四次变化，不同年份统一可比的分城乡家庭户数无法直接获得。正因如此，全国层面分城乡家庭户数的变动历程似无人问津。学界有所关注的只是分城乡家庭（户）结构、平均规模的变动（王跃生，2013），或是城乡家庭户总数的变动（肖周燕，2012）。所以，本章首先测算分城乡的家庭户数变动情况，进而厘清各贡献因素的变化历程，最后分析不同因素对家庭户城镇化的影响。

3.1 城乡家庭户数及家庭户
城镇化的变动历程分析

肖周燕（2012）通过整理历年《中国统计年鉴》（1980～2010年）公布的数据，发现全国家庭户总数由1979年的2.1亿户增长为2009年的4.2亿户，年均增长2.4%，是人口年均增长率的2.4倍。与人口规模变动的城乡差异相似，家庭户变动必然也存在着明显的城乡差异。但笔者查阅各种文献资料，发现目前尚无我国分城乡家庭户数变动的研究。故通过相关统计资料中历年数据来测算分城乡的家庭户数变动情况，进而描绘家庭户城镇化历程，并分析其与人口城镇化历程的异同。

3.1.1 数据来源及调整方法

我国统计部门公布的分城乡家庭户数最早可追溯至1995年，在此之前公布的都是按户口性质（农业或非农业）定义的数据，与本书按居住地性质（城镇或农村）定义的统计口径不同，不具有可比性，故本书的时间范围从1995年开始。自1995年以来，可查到数据的年份有2000年、2003~2013年。其中，2000年和2010年的数据来源于当年人口普查，1995年和2005年的数据来源于当年小普查（1%人口抽样调查），其余年份的数据来源于当年1‰人口抽样调查。在此之前和中间年份的数据缺失，或因为没有进行相应的调查统计，或是未将相关调查数据公布在统计年鉴中。

即便如此，要使这些有数据年份的分城乡家庭户数达到纵向可比的状态，还需在原始数据的基础上，经历三步调整处理过程。第一步，按原始数据的城乡划分得到城镇家庭户数和农村家庭户数。1995年数据划分为市、镇和县，前两者加总计算为城镇，后者作为农村；2000年数据直接划分为城镇和农村；2003~2013年数据划分为城市、镇和乡村，将前两者加总计算为城镇，后者作为农村。第二步，按历年调查的真实抽样比将原始数据放大至全国规模水平。由于人口抽样调查1%或1‰的抽样比只是名义上的，其真实抽样比往往不足1‰，如最低的2013年为0.0822‰；也有高于名义抽样比的年份，如2005年小普查为1.35%。第三步，按当前最具权威代表性的2010年人口普查数据对此前年份数据进行调整。2010年人口普查后，国家统计局按惯例对此前各年的总人口规模、分城乡人口规模都进行了重新调整，而2010年以来的数据在2015年小普查数据出炉之前都尚未进行调整。笔者提出的调整方法基于国家统计局这次官方调整，计算官方调整后公布的各年份城乡人口规模（UP和RP）与当年普查或抽样调查后公布的分城乡人口规模（UP′和RP′）的相对比值，分别作为城镇调整系数（α_u）和农村调整系数（α_r）。假设分城乡的家庭户人口规模（UHP′和RHP′）实际应该调整的比例幅度与人口总体是相同的，计算调整后各年的分城乡家庭户人口规模（UHP 和 RHP），再根据各年的分城乡家庭户平均规模（UHS 和 RHS）计算出调整后的分城乡家庭户数（UH 和 RH）。调整方法第三步的计算过程，以公式表述如下：

$$\begin{cases} \alpha_u = \dfrac{UP}{UP'} \\[2mm] \alpha_r = \dfrac{RP}{RP'} \end{cases} \quad (3.1)$$

$$\begin{cases} UHP = UHP' \times \alpha_u \\[2mm] RHP = RHP' \times \alpha_r \end{cases} \quad (3.2)$$

$$\begin{cases} UH = \dfrac{UHP}{UHS} \\[2mm] RH = \dfrac{URP}{RHS} \end{cases} \quad (3.3)$$

3.1.2　分城乡的家庭户数及家庭户人口数变动

经过数据调整，得到各年份可比的分城乡家庭户数和家庭户人口数。1995～2013 年的 18 年间，城镇家庭户数和家庭户人口数逐年稳步增长（见图 3.1），前者从 1.01 亿户增长到 2.44 亿户，年均增长 5.0%，明显快于城镇常住人口 4.1% 的年均增速；后者从 3.41 亿人增长到 6.93 亿人，年均增长 4.0%，略慢于城镇常住人口的增速，说明城镇集体户人口增长略快于家庭户人口增长。按 1996～2000 年、2001～2005 年、2006～2010 年、2011～2013 年分为四个阶段，发现城镇家庭户人口增速和城镇家庭户数增速都呈 "倒 U 型" 变动趋势（见图 3.1）。两者都在第二阶段增长最快，城镇家庭户人口年均增长 6.0%，城镇家庭户数年均增长 6.9%。从第三阶段开始，增速都明显回落，第四阶段两者的年均增速分别仅为 1.5% 和 2.0%，这与城镇人口增速放缓是直接相关的。户年均增速一直高于人口年均增速，说明 1995～2013 年城镇家庭户平均规模在不断减小。

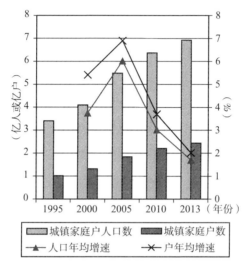

图3.1　城镇家庭户数与家庭户人口数变动趋势

　　与城镇的变化趋势正好相反，农村家庭户数和家庭户人口数都在不断减少（见图3.2），前者从 2.23 亿户减少到 1.96 亿户，年均减少 0.7%，明显慢于农村常住人口 -1.7% 的年均增速；后者从 8.52 亿人减少到 6.18 亿人，年均减少 1.8%，略快于农村常住人口的增速，说明农村集体户人口有所增长。分阶段看，农村家庭户人口的年均增速呈"左偏的 V 型"变动趋势，农村家庭户数的年均增速呈"右偏的 V 型"变动趋势（见图3.2）。第二阶段农村家庭户人口减少最快，年均减少 2.4%，其余阶段年均减少都在 1.2%～1.4%。农村家庭户数在第一阶段年均减少 0.4%，第二阶段年均减少 0.3%，第三阶段突然加速减少，年均减少 1.7%，第四阶段又突然放慢减速，年均减少仅 0.05%。除第三阶段外，户年均减速都小于人口年均减速，说明农村家庭户小型化的总体趋势是明显的。第三阶段出现"逆转"，表明农村家庭户平均规模出现"反弹"。最后一阶段农村家庭户小型化又继续加速，家庭户数几乎保持稳定，仅呈现微降趋势。

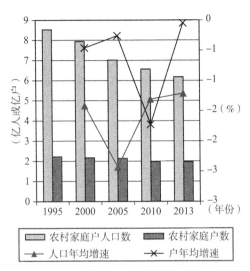

图3.2　农村家庭户数与家庭户人口数变动趋势

3.1.3　家庭户城镇化历程

在分析城乡家庭户数和家庭户人口数变动趋势的基础上，为了衡量家庭户的城镇化水平，笔者构建了两个统计指标：家庭户城镇化率和家庭户人口城镇化率。家庭户城镇化率指城镇家庭户数占城乡家庭户总数的比重，家庭户人口城镇化率指城镇家庭户人口数占城乡家庭户人口总数的比重。相比于传统上衡量城镇化水平的指标——人口城镇化率，这两个指标在分析人口城镇化水平与以户为单位的居民生活方式和消费模式的互动关系时显得更具有指示意义。

计算后发现，1995～2013年三个城镇化率指标的变动历程（包括基数起点和增长速度）都非常接近。虽然在个别年份略有浮动，但总体上都呈现出稳定增长的趋势。在三者中，家庭户城镇化率一直处于相对最高位,从 31.3% 增长到 55.4%,年均增长 1.34 个百分点,于 2009 年越过 50%;家庭户人口城镇化率在绝大部分年份都处于相对最低位,从 28.6% 增长到 52.8%,年均增长 1.35 个百分点,于 2011 年越过 50%;人口城镇化率绝大部分年份都处在前两者中间,从 29.0% 增长到 53.7%,年均增长 1.37 个百分点,同样于 2011 年越过 50%。只有在 2003 年和 2005 年,家庭户人口城镇化率超过人口城镇化率(见图 3.3)。由于城镇的平均家庭户一直小于农村,故家庭户城镇化水平高于人口城镇化水平;又因为城镇的集体户人口比例高于农村,所以总体上家庭户人口城镇化水平低于人口城镇化水平。

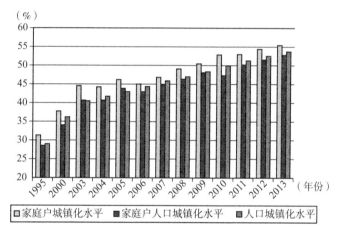

图 3.3 家庭户城镇化、家庭户人口城镇化与人口城镇化水平变动趋势

3.2 城乡家庭户数变动贡献因素分解的理论模型与实证方法

3.2.1 理论模型

户数的变动取决于两大因素:总人口规模变动和平均每户规模变

动。刘建国（Liu，2003）等文献已经通过大量研究分解这两大因素的贡献度及其变动特征。但由于我国统计数据中有家庭户和集体户之分，该理论模型无法简单地被套用。虽然，肖周燕（2012）等也广泛运用该模型来分解家庭户数变动的贡献因素，但在集体户人口比重越来越高的今天，肯定是不准确的。因此，本书构建的理论模型将同时考虑到集体户人口与家庭户人口的相对变动，并将城镇和农村分开考虑。

当增加了城镇/农村、家庭户/集体户这两个维度进行分析考量时，城镇家庭户数的变动取决于两大因素：城镇家庭户人口规模变动和城镇平均家庭户规模变动，而城镇家庭户人口规模变动又取决于两大因素：城镇新增人口中进入家庭户的人口规模和从集体户净流入家庭户的人口规模；相应地，农村家庭户数变动和家庭户人口规模变动也取决于这些因素。

城镇新增人口的贡献因素也是一个被广泛研究的话题，一般将其分解为三大因素：自然增长、迁移增长和行政区划调整增长（王桂新，1991；Chan，1994，2012）。自然增长的含义非常明确，指城镇的新生人口。迁移增长指真实发生空间位置移动、常住地从农村搬迁至城镇而产生的城镇人口增长，此处对"迁移"的定义与户口无关、与传统上"迁移"和"流动"概念的区别无关（将两者统称为"迁移"）。行政区划调整增长（以下简称"区划增长"），实质上它的内涵大于其名词本身，指没有经历空间位置移动、但常住地在行政设置或统计口径上由农村被调整为城镇而产生的城镇人口增长，这些调整不仅包括县改市、乡改镇、村改社区等行政区划变动，甚至也包括个别地区因单纯地改变邮政编码而使城乡属性发生变化（蔡昉，2014），同时还包括因城乡划分标准和城乡人口统计口径调整带来的单纯数据变动。本研究在此基础上，进一步分解城镇新增人口三大来源中进入家庭户和进入集体户的比例。相应地，农村人口规模变动也可分解为上述三大因素，只是对于城镇化过程中农村的实际情况而言，后两大因素一般都为负增长。

综上所述，构建如图3.4所示的理论模型。模型整体上分为城镇家庭户数变动子模型和农村家庭户数变动子模型，两者既在一定程度上相互独立，又相互关联。乡—城人口迁移和区划调整是连接城镇和农村家庭户数变动的两条纽带。

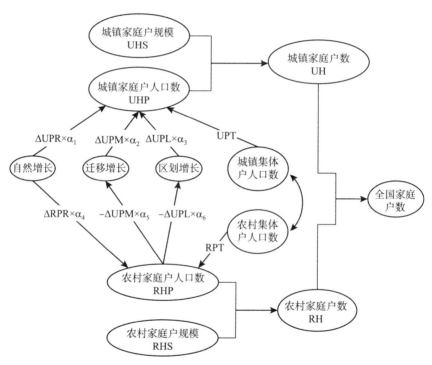

图3.4　城乡家庭户数变动的理论模型

3.2.1.1　城镇家庭户子模型

首先，分解城镇家庭户人口的四大增长来源：自然增长人口中进入家庭户的人口、迁移增长人口中进入家庭户的人口、区划增长人口中进入家庭户的人口、从原城镇集体户中进入家庭户的净人口。UP

表示城镇人口，UHP 表示城镇家庭户人口，UCP 表示城镇集体户人口。ΔUP 表示城镇人口增量，ΔUPR 表示城镇人口自然增长的规模，ΔUPM 表示城镇人口迁移增长的规模，即乡—城净迁移人口的规模，ΔUPL 表示城镇人口区划增长的规模。α_1 表示城镇自然增长人口中进入家庭户的人口比例，α_2 表示城镇迁移增长人口中进入家庭户的人口比例，α_3 表示城镇区划增长人口中进入家庭户的人口比例。UPT 表示从原城镇集体户中进入家庭户的净人口。

$$UP = UHP + UCP \tag{3.4}$$

$$\Delta UP = \Delta UPR + \Delta UPM + \Delta UPL \tag{3.5}$$

$$\Delta UHP = (\Delta UPR \cdot \alpha_1 + \Delta UPM \cdot \alpha_2 + \Delta UPL \cdot \alpha_3) + UPT \tag{3.6}$$

然后，分解城镇家庭户数的两大增长来源：城镇家庭户人口增长和城镇家庭户小型化。UH 表示城镇家庭户数，UHS 表示城镇家庭户平均规模，其倒数表示城镇家庭户户主率。ΔUH_P 和 ΔUH_S 分别表示城镇家庭户人口规模变化和城镇家庭户小型化对城镇家庭户数变动的贡献度，两者加总为 100%。

$$UH = \frac{UHP}{UHS} \tag{3.7}$$

$$\ln UH = \ln UHP + \ln \frac{1}{UHS} \tag{3.8}$$

$$\Delta UH_P = \frac{UH^t - UH^0}{\ln UH^t - \ln UH^0} \times \ln\left(\frac{UHP^t}{UHP^0}\right) \tag{3.9}$$

$$\Delta UH_s = \frac{UH^t - UH^0}{\ln UH^t - \ln UH^0} \times \ln\left(\frac{UHS^0}{UHS^t}\right) \tag{3.10}$$

最后，将公式（3.6）和（3.9）合并，进一步将城镇家庭户人口规模变化对家庭户数变动的贡献度分解为自然增长人口的贡献度（ΔUH_r）、迁移增长人口的贡献度（ΔUH_m）、区划增长人口的贡献度（ΔUH_l）和原城镇集体户进入家庭户人口的贡献度（ΔUH_t），四者加总为 ΔUH_p。

$$\Delta UH_r = \Delta UH_p \times \frac{\Delta UPR \cdot \alpha_1}{\Delta UHP} \qquad (3.11)$$

$$\Delta UH_m = \Delta UH_p \times \frac{\Delta UPM \cdot \alpha_2}{\Delta UHP} \qquad (3.12)$$

$$\Delta UH_l = \Delta UH_p \times \frac{\Delta UPL \cdot \alpha_3}{\Delta UHP} \qquad (3.13)$$

$$\Delta UH_t = \Delta UH_p \times \frac{UPT}{\Delta UHP} \qquad (3.14)$$

3.2.1.2 农村家庭户子模型

同理，可逐一列出农村家庭户数变动五大贡献因素的分解公式。ΔRH_s、ΔRH_r、ΔRH_m、ΔRH_l、ΔRH_t分别表示农村家庭户小型化、自然增长、迁移增长、区划增长、原农村集体户人口进入农村家庭户对农村家庭户数变动的贡献度，ΔRH_p表示农村家庭户人口规模变化对家庭户数变动的贡献度，是ΔRH_r、ΔRH_m、ΔRH_l、ΔRH_t的总和。RH表示农村家庭户数，RHS表示农村家庭户平均规模，RHP表示农村家庭户人口数，ΔRHP表示农村家庭户人口增量，ΔRPR表示农村人口自然增长量，$-\Delta UPM$表示农村人口迁移（负）增长量（即乡—城净迁移人口规模的负数），$-\Delta UPL$表示农村人口区划（负）增长量（即城镇区划增长人口规模的负数），RPT表示从原农村集体户进入农村家庭户的人口规模，α_4表示农村自然增长人口中进入家庭户的人口比例，α_5、α_6分别表示农村因迁移、区划调整变为城镇人口的群体中出自家庭户的人口比例。

$$\Delta RH_p = \frac{RH^t - RH^0}{\ln RH^t - \ln RH^0} \times \ln\left(\frac{RHP^t}{RHP^0}\right) \qquad (3.15)$$

$$\Delta RH_s = \frac{RH^t - RH^0}{\ln RH^t - \ln RH^0} \times \ln\left(\frac{RHS^0}{RHS^t}\right) \qquad (3.16)$$

$$\Delta RH_r = \Delta RH_p \times \frac{\Delta RPR \cdot \alpha_4}{\Delta RHP} \qquad (3.17)$$

$$\Delta RH_m = \Delta RH_p \times \frac{(-\Delta UPM) \cdot \alpha_5}{\Delta RHP} \qquad (3.18)$$

$$\Delta RH_l = \Delta RH_p \times \frac{(-\Delta UPL) \cdot \alpha_6}{\Delta RHP} \qquad (3.19)$$

$$\Delta RH_t = \Delta RH_p \times \frac{RPT}{\Delta RHP} \qquad (3.20)$$

3.2.2　实证方法

利用构建的理论模型，本书对 1995～2013 年分城乡家庭户数变动的贡献因素进行实证分析。考虑到分阶段来看，1996～2000 年、2001～2005 年、2006～2010 年、2011～2013 年城乡家庭户数变动呈现出不同特征，分析其贡献因素也分此四阶段进行。城乡家庭户数（UH 和 RH）、城乡家庭户人口数（UHP 和 RHP）使用笔者调整后的数据，城乡家庭户平均规模（UHS 和 RHS）使用历年《中国人口和就业统计年鉴》的原始数据。

王桂新和黄祖宇（2014）测算了 1991～2010 年我国历年城镇自然增长人口（ΔUPR）、迁移增长人口（ΔUPM）和区划增长人口（ΔUPL）的数量，该方法的科学性和结果的完整性上在同类文献中都属最优，但基于 1990 年的城镇人口统计口径，使得测算结果的数值相比现有统计口径有所偏大。因此，在王桂新和黄祖宇（2014）研究结果的基础上，根据王放（2004）、陈金永和胡英（Chan and Hu, 2003）等研究成果进行调整得到 1996～2000 年的数据，根据陈青和宋铮（Chen and Song, 2014）、秦波和张五（Qin and Zhang, 2014）、王放（2014）、陈金永（2012）等研究结果进行调整得到 2001～2005 年、2006～2010 年的数据。相应地，可得到 1996～2010 年农村自然增长人口（ΔRPR）、迁移负增长人口（-ΔUPM）、区划负增长人口

（-ΔUPL）。2011~2013 年的分城乡自然增长人口根据 CFPS 调查（2010 年、2012 年、2014 年）的新生人口、死亡人口数据估算得到，乡—城人口迁移数据根据 CFPS 调查中发生乡—城迁移的人口数据估算得到，区划调整涉及人口根据 2010 年以来国家行政区划调整资料、CFPS 调查的城乡社区属性变动数据进行测算。

城乡自然增长人口进入家庭户的比例（α_1 和 α_4）根据 2000 年人口普查和 2005 年人口小普查进行估算，首先将两次调查城乡 0~4 岁年龄组人口中家庭户人口的比例分别算作 1996~2000 年、2001~2005 年的 α_1 和 α_4。由于 2010 年人口普查的微观数据目前尚未公布，需要在此基础上利用趋势外推方法估算 2006~2010 年、2011~2013 年的 α_1 和 α_4。城镇迁移增长人口进入家庭户的比例（α_2）根据周皓（2004）五年内迁移人口在家庭户中的比例确定 1996~2000 年的数据，根据周福林（2014）流动人口在家庭户中的比例确定 2001~2005 年、2006~2010 年的数据，根据 CFPS 乡—城迁移人口数据确定 2011~2013 年的数据。农村净迁出人口出自家庭户的比例（α_5）假设即为农村家庭户人口占全部人口的比例，取每一阶段各年份的平均值作为该阶段的 α_5。考虑到区划调整地区的人口、社会和经济特征与人口普查和抽样调查中的"镇"非常相似，假设城镇区划增长人口进入家庭户的比例（α_3）与镇家庭户人口占镇全部人口的比例相同，取每一阶段各年份的平均值作为该阶段的 α_3。相应地，将农村区划调整涉及人口出自家庭户的比例（α_6）视为与 α_3 相同。

通过上述方法，已经可以得到城乡家庭户小型化、家庭户人口规模变化、自然增长、迁移增长、区划增长对家庭户数变动的贡献度。从原集体户进入家庭户的人口规模在很大程度上只是一个理论概念，根据现有的数据、文献和其他资料都无法直接获得或进行间接估算，故需要通过求其他各项剩余差值的方法得到。相应地，原集体户人口进入家庭户对家庭户数变动的贡献度也通过求其他各项贡献度剩余差值的方法得到。

3.3 分城乡家庭户数变动的贡献构成及其变动特征

综上以上方法和数据测算的 1996 ~ 2013 年我国分阶段、分城乡家庭户数变动的贡献构成如表 3.1 和表 3.2 所示。首先，进行家庭户规模变动和家庭户人口数变动的两因素分解；然后，将家庭户人口数变动分解为自然增长、迁移增长、区划增长和家庭户与集体户之间的转化（以下简称"UPT"），从而在总体上构成五因素分解。从中可以看出，不同因素对城乡家庭户数变动的贡献呈现以下变动特征。

表 3.1　　　　1996 ~ 2013 年我国城镇家庭户数变动的贡献构成　　　单位：%

年份	平均家庭户规模变动的贡献度	家庭户人口数量变动的贡献度				
		合计	自然增长贡献度	迁移增长贡献度	区划增长贡献度	UPT 贡献度
1996 ~ 2000	30.2	69.8	11.1	23.5	26.2	9.0
2001 ~ 2005	12.3	87.7	9.8	41.3	27.2	9.4
2006 ~ 2010	17.9	82.1	9.7	38.3	21.5	12.7
2011 ~ 2013	15.4	84.6	12.5	36.6	26.9	8.7

表 3.2　　　　1996 ~ 2013 年我国农村家庭户数变动的贡献构成　　　单位：%

年份	平均家庭户规模变动的贡献度	家庭户人口数量的贡献度				
		合计	自然增长贡献度	迁移增长贡献度	区划增长贡献度	UPT 贡献度
1996 ~ 2000	− 208.1	308.1	− 56.0	183.4	135.8	44.9
2001 ~ 2005	− 843.2	943.2	− 177.1	712.8	303.2	104.4

续表

年份	平均家庭户规模变动的贡献度	家庭户人口数量的贡献度				
		合计	自然增长贡献度	迁移增长贡献度	区划增长贡献度	UPT 贡献度
2006～2010	24.3	75.7	-57.9	102.3	44.9	-13.6
2011～2013	-2372.1	2472.1	-657.6	1937.9	1305.2	-113.4

其一，就两因素分解来看，城镇和农村家庭户人口数变动的贡献度都一直大于家庭户规模变动的贡献度。这与不分城乡的分解结果（肖周燕，2012）恰好相反，原因是不分城乡情况下的人口规模变动非常小，而分城乡视角下的乡—城人口转化（乡—城人口迁移和区划调整）使得人口规模变动变得非常大。1996～2000 年，城镇家庭户规模和家庭户人口数变动的贡献度分别为 30% 和 70%。进入 21 世纪后，家庭户规模变动的贡献度出现下降，并在 15% 左右小幅波动起伏；相应地，家庭户人口数变动的贡献度出现上升，并稳定在 85% 左右。可见，城镇家庭户人口增长和家庭户规模小型化对家庭户数增长都具有正向的贡献，前者的贡献大于后者，且 2000～2013 年两者的贡献构成非常稳定。农村的情况相对复杂很多，因两者除第三阶段的贡献度为正值外，其余阶段的贡献度构成均为"一正一负"，两者反向作用，绝对值都很大、变动幅度也大。第三阶段农村家庭户规模小型化趋势出现反弹，两者的贡献度转而变为"双正"。所以，总体上使得两因素贡献构成变动非常不稳定。1996～2000 年家庭户规模和家庭户人口数变动的贡献度分别为 -208% 和 308%，2001～2005 年分别为 -843% 和 943%，2011～2013 年分别为 -2372% 和 2472%，前者的绝对值均小于后者，说明在这三个阶段家庭户规模小型化对家庭户数的增加作用小于家庭户人口规模减少对家庭户数的减少作用；2006～2010 年两者分别为 24% 和 76%，说明该阶段家庭户规模止跌

反弹表现出对家庭户数的减少作用，但其贡献仍小于家庭户人口规模的贡献。

其二，就城镇五因素分解来看，第一阶段，区划增长、迁移增长的贡献度接近家庭户规模变动的贡献度，形成"三足鼎立"之势。第二阶段，迁移增长的贡献度超过区划增长和家庭户规模变动，成为首大贡献因素，贡献度超过40%；随后，迁移增长的贡献度虽呈下降之势，但仍一直保持在榜首位置。可见，迁移增长是2000年以来城镇家庭户数增长的最主要来源。区划增长的相对贡献度比较稳定，在1996～2000年略高于迁移增长，2000年以后一直仅次于迁移增长，是城镇家庭户数增长的第二大来源。这与同时期城镇人口增长来源构成的变动趋势完全相符（王桂新、黄祖宇，2014；王放，2004）。自然增长的贡献度一直在接近10%或略高于10%的水平，2010年以来有一定程度的上升，是近年来城镇年度出生人口有所增长所致。人口从原城镇集体户进入城镇家庭户的贡献度在前两阶段和最后一阶段都在9%左右，第三阶段相对较高，侧面反映了这一阶段乡—城流动人口的家庭化趋势明显。

其三，就农村五因素分解来看，农村人口迁出对农村家庭户数减少的贡献最大，其次为农村人口因区划调整而"离开"，两者的累计贡献度大于农村家庭户人口减少的总体贡献度。迁移的相对贡献度在最大时接近2000%（2011～2013年），最小时也超过100%（2006～2010年）；区划调整的相对贡献度在最大时超过1300%（2011～2013年），最小时为45%（2006～2010年）。农村人口自然增长的贡献一直为负，在第三阶段的相对贡献份额较大，为58%，超过区划调整而位居第二位，说明该阶段农村出生人口反弹对家庭户数减少的"阻碍"作用较为明显。人口从原农村集体户进入农村家庭户的贡献度在前两阶段为正，在后两阶段为负，反映

1996～2005 年家庭户人口净流入集体户、2006～2013 年集体户人口净流入家庭户的变动特征。

3.4 不同因素对家庭户城镇化的贡献及其变动特征

为了考察上节所分解的不同因素对家庭户城镇化的贡献，首先计算在某阶段忽略某因素情况下的假想家庭户城镇化率 U_{us}、U_{rs}、U_{ur}、U_{um}、U_{ul}、U_{ut}、U_{rr}、U_{rt}，然后用该阶段末的实际家庭户城镇化率 U 减去假想家庭户城镇化率，得到各因素在该阶段对家庭户城镇化的贡献 ΔU_{us}、ΔU_{rs}、ΔU_{ur}、ΔU_{um}、ΔU_{ul}、ΔU_{ut}、ΔU_{rr}、ΔU_{rt}。下标符号表示忽略该因素，us 和 rs 分别表示城乡家庭户规模变动，ur 和 rr 分别表示城乡家庭户人口自然增长，ut 和 rt 分别表示城乡家庭户与集体户之间的人口转换，um 表示城镇家庭户人口迁移增长，即乡—城人口净迁移，ul 表示城镇家庭户人口区划增长，即区划调整涉及的城乡人口属性变化。综上，公式（3.21）~（3.28）的公式推导中上标符号 0 表示阶段初，t 表示阶段末。

$$\Delta U_{us} = U - U_{us} = U - \frac{\dfrac{UHP^t}{UHS^0}}{\dfrac{UHP^t}{UHS^0} + RH^t} \qquad (3.21)$$

$$\Delta U_{rs} = U - U_{rs} = U - \frac{UH^t}{\dfrac{RHP^t}{RHS^0} + UH^t} \qquad (3.22)$$

$$\Delta U_{ur} = U - U_{ur} = U - \frac{\dfrac{UHP^t - \Delta UPR}{UHS^t}}{\dfrac{UHP^t - \Delta UPR}{UHS^t} + RH^t} \qquad (3.23)$$

$$\Delta U_{um} = U - U_{um} = U - \cfrac{\cfrac{UHP^t - \Delta UPM}{UHS^t}}{\cfrac{UHP^t - \Delta UPM}{UHS^t} + \cfrac{RHP^t + \Delta UPM}{RHS^t}} \quad (3.24)$$

$$\Delta U_{ul} = U - U_{ul} = U - \cfrac{\cfrac{UHP^t - \Delta UPL}{UHS^t}}{\cfrac{UHP^t - \Delta UPL}{UHS^t} + \cfrac{RHP^t + \Delta UPL}{RHS^t}} \quad (3.25)$$

$$\Delta U_{ut} = U - U_{ut} = U - \cfrac{\cfrac{UHP^t - UTP}{UHS^t}}{\cfrac{UHP^t - UTP}{UHS^t} + RH^t} \quad (3.26)$$

$$\Delta U_{rr} = U - U_{rr} = U - \cfrac{UH^t}{\cfrac{RHP^t - \Delta RPR}{RHS^t} + UH^t} \quad (3.27)$$

$$\Delta U_{rt} = U - U_{rt} = U - \cfrac{UH^t}{\cfrac{RHP^t - RPT}{RHS^t} + UH^t} \quad (3.28)$$

其一，城镇人口迁移增长和区划增长是家庭户城镇化的主要贡献来源，迁移增长贡献最大，区划增长次之。由于两者一方面表现为城镇家庭户人口的增加，另一方面表现为农村家庭户人口的减少，同时具有扩大分子和减小分母的作用，贡献特别明显。1996~2000年，两者贡献相同，都使家庭户城镇化率提高 2.3 个百分点。2001~2005年，迁移增长的贡献度达到研究时期内所有因素的最大贡献值 5.4 个百分点，区划增长的贡献度也达到其本身的最大值 3.0 个百分点。虽然随后两者都出现下降，但 2006~2010 年仍有 3.9 个百分点和 1.9 个百分点，2011~2013 年仍有 2.1 个百分点和 1.5 个百分点（见表 3.3）。

表 3.3　　　　　1996～2013 年不同因素对家庭户城镇化的贡献度　单位：百分点

时间	ΔU_{us}	ΔU_{rs}	ΔU_{ur}	ΔU_{um}	ΔU_{ul}	ΔU_{ut}	ΔU_{rr}	ΔU_{rt}
1996～2000	1.9	−1.1	0.6	2.3	2.3	0.5	−0.3	0.3
2001～2005	1.0	−2.7	0.7	5.4	3.0	0.7	−0.6	0.4
2006～2010	0.8	0.5	0.4	3.9	1.9	0.5	−1.3	−0.3
2011～2013	0.4	−1.4	0.3	2.1	1.5	0.2	−0.4	−0.1
1996～2013	4.1	−4.8	2.1	13.7	8.7	1.9	−2.7	0.2

其二，城镇家庭户规模小型化的贡献度不断减小，农村家庭户规模变动（小型化及其反弹）的贡献度则呈现波动，两者的加总效应也有波动。城镇家庭户规模小型化对家庭户城镇化率的提升作用在1996～2000 年为 1.9 个百分点，此后逐渐减小，在 2011～2013 年降为 0.4 个百分点。农村家庭户规模小型化的总体趋势对家庭户城镇化具有"阻碍"作用，在第一、二、四阶段分别降低家庭户城镇化率1.1 个百分点、2.7 个百分点和 1.4 个百分点，第三阶段的反弹对家庭户城镇化具有 0.5 个百分点的促进作用。两者的加总效应反映城乡整体上家庭户规模变动对家庭户城镇化的贡献。可以发现，家庭户规模变动的贡献度呈现波动：从第一阶段的 0.8 个百分点降为第二阶段的 −1.7 个百分点，后升至第三阶段的 1.3 个百分点，第四阶段又降到 −1.0 个百分点。

其三，城镇人口自然增长的贡献度为正，农村人口自然增长的贡献度为负，两者的绝对值都呈现"先升后降"的趋势，加总效应则表现为"前正后负"。城镇人口自然增长的贡献度从 1996～2000 年的0.6 个百分点上升至 2001～2005 年的 0.7 个百分点，在第二阶段达到最大值，随后两阶段降至 0.4 个百分点和 0.3 个百分点。农村人口自然增长的贡献度从第一、第二阶段的 −0.3 个百分点和 −0.6 个百分点迅速增长至第三阶段的 −1.3 个百分点，达到负的最大值，随后第

四阶段又回到 -0.4 个百分点。两者的加总效应反映城乡整体上人口自然增长对家庭户城镇化的贡献。可以发现，人口自然增长的贡献度在前两阶段为正，分别为 0.3 个百分点和 0.1 个百分点；后两阶段为负，分别为 -0.9 个百分点和 -0.1 个百分点。这说明：在假设其他情况都不变的情况下，1996～2013 年人口自然增长及其城乡差异对家庭户城镇化的影响由促进转为阻碍。

其四，城镇内部集体户人口净流入家庭户的贡献度"先升后降"，农村内部前两阶段家庭户人口净流入集体户的贡献度为正，后两阶段集体户人口净流入家庭户的贡献度为负，城乡加总效应一直为正，也呈现"先升后降"的趋势。城镇内部集体户人口净流入家庭户的贡献度从第一阶段的 0.5 个百分点升至第二阶段的 0.7 个百分点，第三阶段回落至 0.5 个百分点，第四阶段又降至 0.2 个百分点。在前两阶段，农村内部家庭户人口净流入集体户，贡献度分别为 0.3 个百分点和 0.4 个百分点；后两阶段，集体户人口净流入家庭户，贡献度分别为 -0.3 个百分点和 -0.1 个百分点。两者的加总效应反映城乡内部人口在家庭户和集体户之间流动（净流量和净流向）对家庭户城镇化的贡献。可以发现，第一阶段和第二阶段加总效应分别为 0.8 个百分点和 1.1 个百分点，随后由于农村净流向"反转"，加总效应迅速降为第三、第四阶段的 0.2 个百分点和 0.1 个百分点。这说明：在假设其他情况都不变的情况下，1996～2013 年城乡内部人口在家庭户和集体户之间净流动的规模及其差异对家庭户城镇化的影响由大转小。

3.5　本章小结

以上对我国 1995～2013 年份城乡家庭户数变动、家庭户城镇化及其贡献因素构成的考察显示,随着1992年邓小平南方谈话及其后一系列改革的飞速推进,乡—城人口迁移和行政区划调整速度迅猛增长。两者合力使得农村家庭户数减少、城镇家庭户数增多、家庭户城镇化水平提高,自2000年后已全面超越家庭户规模小型化而成为对城镇家庭户数增长和家庭户城镇化水平提高具有决定作用的第一和第二位因素。两者呈现不同的变化特征,期初区划调整的贡献度与迁移相当,甚至还略高,这是因为当时迁移进入城镇人口的家庭化程度比区划调整人口低很多;2000年以后,随着迁移人口规模猛增且家庭化程度提高、区划调整人口相对波动,迁移的贡献度一直保持最大;当前两者都较之前有所下降,但仍持有很大的贡献。随着人口城镇化向高位迈进,农村人口规模持续减小且老龄化趋势更加明显,农村的劳动力供给能力正在迅速销蚀,以往那种高度年龄选择性的人口城镇化模式难以为继(郭志刚,2014),乡—城人口迁移将趋于减少,对城镇家庭户数增长和家庭户城镇化的相对贡献也将趋于减弱。行政区划主要受经济社会发展、国家和地方政府政策的影响,未来可预见的规律性较差,其相对贡献主要受制于其他因素贡献的变动。

　　家庭户规模小型化的贡献总体呈下降趋势,且一直小于家庭户人口规模变动的相对贡献。刘建国等(Liu et al.,2003)发现巴西等三个国家和中国卧龙自然保护区等三个局部区域家庭户规模小型化对家庭户数增长的相对贡献在30%～73%的范围内,肖周燕(2012)发现我国1979～2000年、2001～2009年家庭户规模小型化对家庭户数增长的相对贡献分别为52%和75%。本书分城乡的测算结果明显小于上述范围,且所反映的变动趋势也与之相反,这主要是由于"层级—尺度效应"的存在。当不分乡观察时,城镇家庭户数和人口数增长、农村家庭户数和人口数减少的反向变动被总体趋势所掩盖,大规模的乡—城人口迁移和行政区划调整也被全国总体上人口规模变动不大的数据表象所掩盖。事实上，宏观的分析未能揭示中观的变动，分城乡的人口规模变动及其影响大于家庭户规模小型化的影响。另外，家庭户规模本身的变动新趋势也非常值得关注。据历年1‰人口抽样调查原始汇总数据，城乡家庭户规模小型化在2010年前后不约而同地出现过反弹现象。虽然，2010年城镇家庭户规模经调整后，已看不到反弹现象，但2010～2013年平均每户人口仅下降0.05人，也能看出小型化趋缓之势。另据历年城乡住户调查数据，2010年城镇调查户的平均规模为2.88人，2011年为2.87人，2012年为2.86人，已趋于稳定；2010年农村调查户的平均规模为3.95人，2012年为3.88人，也下降很少。同时，杨胜慧、陈卫（2015）提供了更为深入的诠释，发现：1982年以来少儿人口比重的下降和成年人的分家立户共同带来家庭户规模小型化；但在2005～2010年，成年人分家立户的趋势发生逆转，说明家庭户规模小型化的内在机理正发生变化；新近放开的"全面二孩"生育政策将使未来我国家庭户规模呈现先增后减的变动趋势。可见，在当前及未来一段时期内，城乡家庭户数的变动将主要取决于乡—城人口转化带来的城乡家庭户人口变动，家庭户规模小型化将趋缓、甚至发生逆转，城镇将可能出现"家庭户数增长、家庭户规模扩大"的现象。

　　城乡人口自然增长和城乡内部人口在家庭户和集体户之间流动亦发挥一定作用，但贡献构成所占比重较小。2010年以来，城镇人口自然增长对城镇家庭户数增长的贡献度有明显提升，这是出生人口数反弹的直接体现。"全面二孩"政策将使自然增长的贡献有进一步提升，但就各方对出生人口增长的预测来看，其具体提升的幅度不会很大。城乡内部人口在家庭户和集体户之间的流动反映人口家庭化居住的倾向性，人口城镇化、城市房价高企、婚育年龄推迟等都使得集体户人口比重提高明显，但随着国家各项福利保障政策的推进，曾经进入集体户的人口向家庭户流动的趋势更加明显，未来一段时间内从集体户进入家庭户的人口将显著增加。可见，两者对今后家庭户城镇化的贡献都不容忽视。

综上所述，未来城镇家庭户数不断增长、农村家庭户数持续减小会是不容置疑的判断。城乡家庭户总数的变动将取决于两者的相对变动幅度，需要考虑各贡献因素在未来的变化而做出精确预测。就家庭户的生活方式、消费模式及资源利用强度而言，城镇居民的消费需求和对资源的压力将随着家庭户数的增长而持续增大，农村则将在一定程度上出现"总量缓解"的趋势；相应地，就家庭户生活消费及资源利用的环境影响而言，城镇的生活碳排放和环境污染都将面临更为严峻的形势。特别是预计城镇在当前及未来一段时期内将同时出现"家庭户数增长、家庭户规模扩大"的现象，这对生活碳排放和环境污染具有双重扩大效应。另外，不同的家庭户城镇化贡献来源意味着不同的家庭户变动和人口城镇化的路径，对居民生活方式和消费模式的影响也具有不同的表现。如人口自然增长将带来婴幼儿产品消费的增长，乡—城人口迁移和区划调整将通过改变人口的生活方式而扩大消费，人口在家庭户和集体户之间的流动也将通过以户为单位的消费模式转变而产生影响。在分析人口城镇化、家庭户城镇化对居民生活方式和消费模式的影响以及城镇化进程中居民消费端应对气候变化、低碳城市建设的策略时，上述贡献因素的异质性值得深入研究。

第 4 章

城乡居民直接和间接能源消费及
碳排放的测算与分析

4.1　概念、方法与数据

4.1.1　概念界定

本书将城乡居民的生活能源消费及碳排放都分为直接和间接两部分，但两者所定义的"直接"和"间接"有所不同。"直接能源消费"指家庭户在居家生活和交通出行活动中直接发生的能源消费，包括电力、热力、燃气、油品、煤等商品能源以及沼气、秸秆、薪柴等农村非商品能源；"间接能源消费"指家庭户在生活中使用的各项非能源商品与服务在其研发、生产、流通等环节间接发生的能源消费，包括食品、衣着、居住、家庭设备及用品、交通通信、文教娱乐、医疗保健、其他商品及服务等消费支出项目。"直接碳排放"指家庭户在居家生活和交通出行活动中直接产生的碳排放，包括直接能源消费中除电力和热力以外的所有能源消费产生的碳排放；"间接碳排放"指家庭户在生活中使用的各项产品与服务在其研发、生产、流通等中间投入环节间接产生的碳排放，包括所有间接能源消费产生的碳排放。

需要特别注明的有两项：其一，由于电力和热力消费与其他能源消费不同，在最终使用时不产生碳排放，故"直接碳排放"中不含电力和热力。因家庭户主要将电力和热力用于供电和供暖等居住活动，其中间投入过程产生的碳排放已计入"间接碳排放"中的"居住"项目。其二，考虑到液化石油气（即"罐装液化气"和"管道液化石油气"）是人们日常生活中最常用的燃气之一，与天然气（即"管道天然气"）的用途相同且具有很强的相互替代性，本书将其从一般能源分类归属的"油品"行列中移出，并与天然气一起归类为"燃气"。

4.1.2 研究方法

4.1.2.1 直接能源消费和碳排放的测算方法

直接能源消费的测算按照标煤单位计算法，将各类能源消费的实物量都转换为以标准煤为单位的标准量，再累加得到直接能源消费的总量。直接碳排放的测算按照联合国政府间气候变化专门委员会（Intergovernment Panel on Climate Change，IPCC；2006）推荐的"参考方法"，将直接能源消费中除电力和热力以外各类能源的实物消费量或标准消费量乘以相对应的碳排放系数得到各类能源的碳排放量，再累加得到直接碳排放的总量。

4.1.2.2 间接能源消费和碳排放的测算方法

第一步，计算间接能源消费量。首先，按照投入产出模型和投入产出表，计算得到分行业的中间投入消耗系数矩阵，再乘以分行业的居民最终消费量，得到居民最终消费的中间投入量矩阵。接着，根据当年分行业的能源消费量与产值，计算得到分行业的能源强度。然后，将中间投入量矩阵与分行业的能源强度相乘，得到居民最终消费引致的分行业能源消费量。最后，根据分行业居民最终消费的城乡比重，计算得到城乡居民分别的间接能源消费量。

第二步，计算间接碳排放量。首先，根据分行业的各类能源消费量乘以对应的碳排放系数，计算得到分行业的碳排放量。然后，计算分行业的碳排放强度。最后，计算城乡居民最终消费引致的分行业碳排放量，并对行业累加得到间接碳排放总量。

第三步，计算各类居民消费支出对应的间接能源消费量和间接碳排放量。借鉴水彬和道拉塔巴蒂（Shui and Dowlatabadi，2005）提出的消费者生活方式分析法（CLA），将我国国家统计体系中的八大类居民消费支出与投入产出表中的行业进行对应归类，进而计算八大类居民消费支出分别对应的间接能源消费量和间接碳排放量（见表4.1）。在行业对应时，批发业和零售业同时对应于食品支出和衣着支出，假设两项支出各占一半；其他机械设备制造业中的通信设备及其他电子设备制造业对应于交通通信支出，文教体育用品制造业、仪器仪表及文化办公用机械制造业对应于文教娱乐支出，按照其实际的行业增加值比例进行分摊。

表 4.1　　　　　　八大类消费支出与世界投入产出数据库

投入产出表行业分类的对应

消费支出类别	对应行业
食品	农林牧渔业（AtB） 食品、饮料及烟草制造业（15t16） 批发业（51） 零售业（52）

续表

消费支出类别	对应行业
衣着	纺织业及纺织品制造业（17t18） 皮革、羽毛及其制品和制鞋业（19） 批发业（51） 零售业（52）
居住	采掘业（C） 焦炭、精炼石油等燃料加工业（23） 非金属矿物制品业（26） 金属冶炼及金属制品业（27t28） 电力、燃气及水的生产供应业（E） 建筑业（F） 房地产业（70）
家庭设备及用品	木材加工及木制品业（20） 橡胶和塑料制品业（25） 电气及光学设备制造业（30t33）
交通通信	交通运输设备制造业（34t35） 其他机械设备制造业（通信设备及其他电子设备制造业）（29） 陆上运输业（60） 水上运输业（61） 航空运输业（62） 其他配套和辅助运输业（63） 邮政和电信业（64）
文教娱乐	造纸、印刷及出版业（21t22） 其他机械设备制造业（文教体育用品制造业、仪器仪表及文化办公用机械制造业）（29） 教育行业（M）
医疗保健	化学原料及化学制品制造业（24） 卫生及社会福利业（N）
其他商品与服务	其他制造业及回收加工业（36t37） 住宿和餐饮业（H） 金融业（J） 租赁和商业服务业（71t74） 公共管理和社会保障业（L） 其他服务业（O）

注：行业名称后面括号内的数字和符号表示 WIOD 的行业代码。

4.1.2.3　电力和热力碳排放的测算方法

虽然居民生活电力和热力的碳排放已经包括在"间接碳排放"之中，本无须重复计算，但出于对其在居民生活碳排放中的重要性之考虑，本书进行额外单独计算。如此处理，也可方便将电力和热力与其他能源消费类型的碳排放进行比较。与直接碳排放的测算方法相同，将电力和热力的实物消费量或标准消费量乘以相对应的碳排放系数得到其碳排放量。

4.1.3　数据来源与说明

本章的研究内容为了与前一章对家庭户研究的时间跨度相统一，研究时点也从 1995 年开始。由于 2013 年的城乡居民消费结构数据尚未公布，故以 2012 年作为期末年份。研究时期为 1995～2012 年，取五个时点，分别为 1995 年、2000 年、2005 年、2010 年和 2012 年，分为四个阶段：1996～2000 年、2001～2005 年、2006～2010 年和2011～2012 年。这样既能与人口普查或小普查的年份相对应，又能与国家五年规划相衔接，会有利于分析人口与家庭户变动、国家规划与政策对城乡居民生活能源消费及碳排放的影响。

4.1.3.1　直接能源消费数据

电力、热力、燃气、油品、煤等商品能源的消费量数据来源于各年《中国能源统计年鉴》中的全国能源平衡表。因为我国煤炭火力发电占绝对多数，一般以发电煤耗计算法来进行标煤单位的能源消费合计，电热当量计算法会存在明显低估，故取能源平衡表中以发电煤耗计算法的分城乡生活能源消费合计量。对城镇而言，几乎不存在非商品能源使用，能源平衡表中的合计量即是直接能源消费总量。对农村而言，则另需加上沼气、秸秆、薪柴等非商品能源消费量。

特别值得一提的是，全国农村沼气、秸秆、薪柴的消费量数据于2008年后便不再"公之于世"。2008年及之前各年的《中国能源统计年鉴》公布了各自年份前一年的消费量数据。因此，1995年、2000年和2005年农村非商品能源的消费量数据来源于《中国能源统计年鉴》。2010年和2012年的数据无法直接获得，笔者利用其他相关数据进行间接估算。相应年份的《中国环境统计年鉴》公布了全国农村沼气池产气总量数据，《中国住户调查统计年鉴》公布了全国农村居民家庭户均柴和草的消费量数据。假设沼气池产气量等同于沼气消费量、柴和草的消费量分别等同于薪柴和秸秆的消费量，便可计算得到2010年和2012年农村居民沼气、秸秆和薪柴的消费量。由此得到的是实物量而非标准量，本书根据《中国能源统计年鉴2013》所附的"各种能源折标准煤参考系数"进行标准量换算，使之可以与各商品能源的消费量累加计算。

4.1.3.2　碳排放系数

原煤、焦炭、汽油、柴油、液化石油气、天然气的碳排放系数采用国家发改委（2011）提出的数据。薪柴、秸秆和沼气的碳排放系数采用陈艳、朱雅丽（2011）和王长波等（2011）使用的数据。热力的碳排放系数采用杨亮（2014）使用的数据。

电力的一次能源来源结构一直处于变化之中，不同年份的电力碳排放系数都存在差异。本书利用赵晓丽等（Zhao et al.，2013）的1985～2010年全国碳排放总量和电力碳排放所占比重数据，计算得到1995年、2000年、2005年和2010年的电力碳排放量，再结合《中国电力年鉴》公布的当年发电量，计算得到这四个年份的电力碳排放系数；根据2012年全国单位火力发电量温室气体排放平均水平为0.95kg CO^2/kWh（苏燊燊等，2015），结合《中国电力年鉴》公布的当年发电总量和火力发电量，计算得到2012年的碳排放系数（见表4.2）。

表 4.2 各类能源的碳排放系数

能源种类	碳排放系数
原煤	$1.709t（CO_2）/t$
焦炭	$2.849t（CO_2）/t$
汽油	$2.929t（CO_2）/t$
柴油	$3.102t（CO_2）/t$
液化石油气	$2.961t（CO_2）/t$
天然气	$19.791t（CO_2）/10^4 m^3$
秸秆	$1.247t（CO_2）/t$
薪柴	$1.436t（CO_2）/t$
沼气	$11.720t（CO_2）/10^4 m^3$
热力	$0.11t（CO_2）/GJ$
电力	1995 年：$0.932t（CO_2）/MHh$
	2000 年：$0.851t（CO_2）/MHh$
	2005 年：$0.887t（CO_2）/MHh$
	2010 年：$0.771t（CO_2）/MHh$
	2012 年：$0.747t（CO_2）/MHh$

资料来源：国家发改委（2011），陈艳、朱雅丽（2011），王长波等（2011），杨亮（2014），Zhao 等（2013），苏燊燊等（2015），《中国电力统计年鉴》（1995、2001、2006、2011、2013）。

4.1.3.3　投入产出数据

世界投入产出数据库（WIOD）公布的中国投入产出表不仅包含本国商品和服务的中间投入，还包括进口商品和服务的中间投入，并且不同年份的投入产出表之间具有统一的行业分类。国家统计局公布的投入产出表仅包括本国商品和服务的中间投入，不同年份的行业分类存在变化。考虑到进口商品和服务在居民消费支出中的比重将越来越高，其在国内流通与再加工的过程中也会产生能源消费和碳排放，本书采用 WIOD 公布的中国投入产出表。

但相比国家统计局公布的投入产出表，WIOD 的投入产出表也存在两项缺陷：其一，本书进行时 WIOD 尚未公布 2012 年的中国投入产出表，已有数据为 1995～2011 年；其二，没有分城乡的居民最终消费数据。为弥补第一项缺陷，将国家统计局 2010 年和 2012 年投入产出表中分行业投入和产出的变动与 WIOD2010 年投入产出表结合，构建成可用于分析的 2012 年投入产出表。为弥补第二项缺陷，计算国家统计局投入产出表中分城乡居民最终消费的比重，并将其加入WIOD 投入产出表，得到可用于分析的分城乡居民最终消费数据。

4.1.3.4　分行业能源消费量与产值数据

分行业的能源消费量数据来源于历年《中国能源统计年鉴》中的全国能源平衡表和工业分行业终端能源消费量表。分行业的产值数据来源于历年《中国统计年鉴》中的分行业增加值表。

4.2　直接能源消费与碳排放的测算与分析

4.2.1　直接能源消费

4.2.1.1　消费规模

图 4.1 显示，我国城乡居民直接能源消费总量呈现"期初略降、随后逐渐上升"的变动态势。期初从 1995 年的 3.78 亿吨标准煤降至 2000 年的 3.14 亿吨标准煤，随后逐渐上升，到 2012 年已升至 5.61 亿吨标准煤。分阶段来看，年均增速呈递减状态，2001～2005 年、2006～2010 年、2011～2012 年的年均增速分别为 7.0%、3.8% 和 1.1%。户均和人均直接能源消费量也都呈现同样的变动趋势。户均消费量从 1995 年的 1165 千克标准煤降至 2000 年的 899 千克标准煤，

随后升至 2012 年的 1294 千克标准煤；人均消费量从 1995 年的 312 千克标准煤降至 2000 年的 248 千克标准煤，随后升至 2012 年的 414 千克标准煤。由于家庭户规模小型化，期初和期末之间户均消费量的增长幅度不如人均消费量那么明显。同期的全国能源消费总量（含农村居民生活非商品能源，下同）从 1995 年的 1.56 亿吨标准煤增长到 2012 年的 3.91 亿吨标准煤，居民直接能源消费占全国能源消费总量的比重从 24.2% 降为 14.3%。

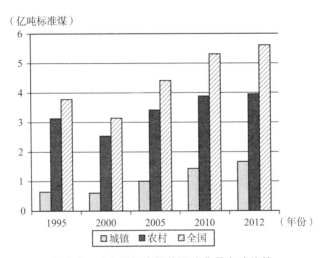

（亿吨标准煤）

图 4.1 城乡居民直接能源消费量变动趋势

从城乡来看，同期的居民直接能源消费量也都呈现"期初略降、随后逐渐上升"的变动态势，差别在于：城镇的变动幅度大，农村的变动幅度小。对城镇而言，期初从 1995 年的 0.65 亿吨标准煤降至 2000 年的 0.61 亿吨标准煤，随后逐渐上升，到 2012 年已升至 1.66 亿吨标准煤，后三阶段年均增速分别为 10.5%、7.4% 和 3.1%（见图 4.2）。户均消费量从 1995 年的 636 千克标准煤降至 2000 年的 460 千克标准煤，随后升至 2012 年的 705 千克标准煤；人均消费量从 1995 年的 184 千克标准煤降至 2000 年的 132 千克标准煤，随后升至 2012 年的 233 千克标准煤。期初和期末之间户均消费量、人均消费量的增长幅度都不明显。

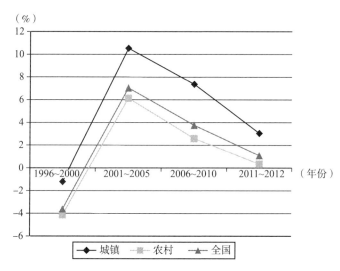

图 4.2　城乡居民直接能源消费量年均增速变动趋势

对农村而言，期初从 1995 年的 3.13 亿吨标准煤降至 2000 年的 2.54 亿吨标准煤，随后逐渐上升，到 2012 年已升至 3.95 亿吨标准煤，后三阶段年均增速分别为 6.1%、2.6% 和 0.3%（见图 4.2）。可见，农村居民的直接能源消费量一直都显著大于城镇居民，但两者的差距正在缩小，城乡之比已由 1∶4.8 变为 1∶2.4。户均消费量从 1995 年的 1407 千克标准煤降至 2000 年的 1166 千克标准煤，随后升至 2012 年的 1996 千克标准煤；人均消费量从 1995 年的 364 千克标准煤降至 2000 年的 314 千克标准煤，随后升至 2012 年的 615 千克标准煤。可见，农村居民的户均消费量和人均消费量也都一直高于城镇居民，且期初和期末之间的增长幅度都比城镇明显，户均城乡之比从 1∶2.2 变为 1∶2.8，人均城乡之比从 1∶2.0 变为 1∶2.6。户均和人均量的城乡差异在进一步扩大，但总量的城乡差异却在缩小，原因在于城镇人口和家庭户在不断增加，而农村则在减少。

4.2.1.2　消费结构

城镇居民直接能源消费量及其总量均呈现"期初略降、随后逐渐上升"的变动特征，这与居民直接能源消费结构的变化有着显著的关系。城镇居民经历了由"以煤炭为主"向"以电力、燃气等清洁能源为主"的直接能源消费结构转型。其一，煤炭及煤制品的绝对消费量显著降低，从1995年的4097万吨标准煤降至2012年的1060万吨标准煤，是唯一绝对消费量下降的城镇居民生活直接能源消费品种；同时，其消费比重显著也降低，从1995年的63.5%降低为2012年的6.4%。其二，电力的消费比重迅猛增长，从1995年的10.9%增长到2012年的26.3%，已经成为城镇居民生活第一大直接能源消费品种。其三，燃气的消费比重也快速上升，从1995年的17.4%上升至2012年的35.3%；特别是其中的天然气消费比重提升最快，已经成为城镇居民生活第二大直接能源消费品种，并替代了部分液化石油气消费，使后者的消费比重呈现"先升后降"趋势。其四，油品的消费比重也增长明显，从1995年的1.5%增长为2012年的16.1%，这主要是由于私家车普及带来的汽油消费增长（见图4.3）。

农村居民的直接能源消费结构转型并不明显，仍然呈现以秸秆、薪柴和煤为主体的消费结构。其一，秸秆是农村居民生活第一大直接能源消费品种，消费比重一直保持稳定，几乎占到一半。其二，薪柴是农村居民生活第二大直接能源消费品种，消费比重在前两阶段保持在30%，2005年开始明显下降，2010年和2012年分别已降至25.5%和21.5%。其三，煤及煤制品是农村居民生活第三大直接能源消费品种，绝对消费量和相对消费比重都未出现明显下降，仍占全部直接能源消费量的15%左右。其四，电力、燃气和沼气等清洁能源的消费比重正在快速上升，但占比仍较低，2012 年分别为 8.3%、1.7% 和 2.9%。其五，油品消费比重也明显增长，但增长不如城镇的明显，从 1995 年的 0.4% 增长为 2012 年的 3.1%（见图 4.4）。

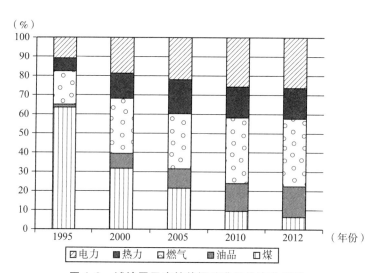

图 4.3 城镇居民直接能源消费结构变动趋势

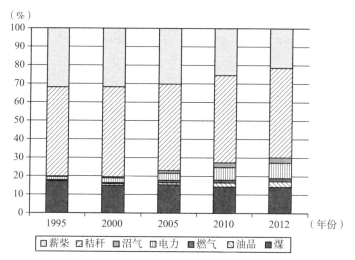

图 4.4 农村居民直接能源消费结构变动趋势

综上可知，城乡居民的直接能源消费结构具有明显差异：城镇已实现生活能源消费结构转型，居家用能以电力、燃气和热力为主，出行用能以油品为主；农村的生活能源消费结构转型进展不明显，仍以秸秆和薪柴等传统生物质能为主，煤及煤制品也占一定比例。这也直接造成了城乡居民生活碳排放规模和结构的差异。

4.2.2 直接碳排放

4.2.2.1 排放规模

城镇生活直接能源消费的"主力军"——电力和热力消费并不直接产生碳排放，使得城乡居民直接碳排放量的差异比能源消费量的差异更为显著。城镇居民生活直接碳排放量呈现"先降后升"的变动趋势，从1995年的1.21亿吨二氧化碳，先降至2000年的0.75亿吨二氧化碳，随后开始反弹，2012年已回升至1.14亿吨二氧化碳，但仍低于1995年的排放规模。农村居民生活直接碳排放也呈现类似的变动趋势，从1995年的7.73亿吨二氧化碳，先降至2000年的6.65亿吨二氧化碳，但其在第二和第三阶段上升很快，2005年达到8.59亿吨二氧化碳，已超过1995年的排放规模，随后达到9.4亿吨左右的二氧化碳，并相对保持稳定。2012年，城乡居民生活直接碳排放总量达到10.53亿吨，占全国能源碳排放的比重约为12%。

居民生活直接碳排放的城乡差异进一步扩大，从1995年的1∶6.4变为2012年的1∶8.2。户均排放量和人均排放量的差异扩大更为明显。1995年，城镇的户均和人均排放量分别为119千克和34千克，农村的户均和人均排放量分别为293千克和76千克；2012年，城镇的户均和人均排放量分别为48千克和16千克，农村的户均和人均排放量分别为405千克和125千克。可以发现，城乡出现了一个很有意思的"背离现象":城镇的人口和家庭户在不断增长,户均和人均排放量在减少;农村的人口和家庭户在不断减少,户均和人均排放量却在增长。

上述结果与人们的一般认识以及部分研究得出的近年来城镇居民生活直接碳排放超过农村居民的论断(王莉、曲建升等,2015)有较大区别。原因在于:本书考虑了农村居民非商品能源(生物质能)消费产生的碳排放,特别是秸秆和薪柴燃烧的碳排放量很高。图4.5显示,农村居民生物质能消费产生的碳排放量远大于商品能源消费产生的碳排放量;扣除生物质能的碳排放后,农村居民生活直接碳排放量仍然大于城镇居民。由此可见,对城乡居民生活直接碳排放结构差异及其变动特征的分析也显得尤为重要。

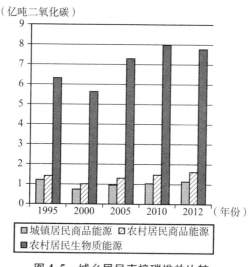

图4.5 城乡居民直接碳排放比较

4.2.2.2 排放来源结构

城镇居民生活直接碳排放经历了由"以煤炭为主"向"以油品和

液化石油气为主"的结构转型。其一,煤及煤制品的排放比重极大幅度地下降,从 1995 年的 85.5% 迅猛下降为 2012 年的 18.5% ,是唯一下降的能源消费品种,但仍占有较大比重。其二,油品的排放比重大幅度上升,从 1995 年的 1.5% 上升为 2012 年的 47.6% ,其中主要是汽油和柴油,2012 年分别已占到 29.2% 和 18.4% 。其三,液化石油气的排放比重也增长很快,从 1995 年的 1.9% 上升为 2012 年的 33.7% 。其四,天然气的碳排放量很少,是最为清洁的一次性商品能源。可见,在城镇居民的直接生活能源消费中,由天然气代替各类油品、液化石油气和煤炭具有重要的减排意义(见图4.6)。

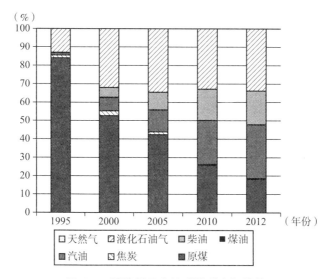

图4.6 城镇居民直接碳排放来源结构

农村居民生活直接碳排放未出现明显的转型,仍稳定于"以秸秆和薪柴为主、煤炭占一定比例"的排放结构。其一,秸秆和薪柴仍旧是最主要的大排放来源,前者的排放比重从 1995 年的 48.9% 上升为 2012 年的 53.9% ,后者的排放比重从 1995 年的 32.6% 下降为 2012

年的 27.5%，两者的总和一直占到 80% 以上。其二，煤及煤制品的排放比重未出现明显下降，仅从 1995 年的 17.6% 下降为 2012 年的 13.2%。其三，油品和液化石油气的排放比重均在上升，但所占比重较小，2012 年两者分别为 2.6% 和 1.3%。其四，沼气的碳排放量较少，2012 年的排放比重仅为 1.4%，是较为清洁的生物质能源（见图 4.7）。可见，在农村居民的直接能源消费中，由沼气代替秸秆和薪柴、由天然气代替煤炭、各类油品和液化石油气具有重要的减排意义。

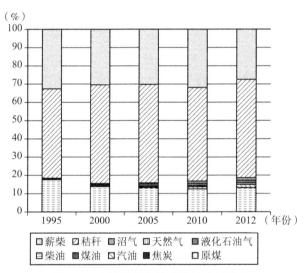

图 4.7　农村居民直接碳排放来源结构

4.3　间接能源消费与碳排放的测算与分析

4.3.1　间接能源消费与碳排放

城乡居民生活间接引致的能源消费量从 1995 年的 5.51 亿吨标准

煤上升为 2012 年的 18.99 亿吨标准煤（见图 4.8）。城乡差异正逐渐扩大，城镇居民间接能源消费量从 1995 年的 2.94 亿吨标准煤上升为 2012 年的 15.43 亿吨标准煤；农村居民间接能源消费量经历了"先升后降再升"的变动趋势，从 1995 年的 2.57 亿吨标准煤上升为 2000 年的 3.57 亿吨标准煤，降至 2005 年的 2.93 亿吨标准煤后，又升至 2012 年的 3.56 亿吨标准煤。居住类间接能源消费量占绝对最大比例，占比一直在 80% 左右浮动。城乡居民间接能源消费量在全国能源消费总量中占有重要地位，比重一直在 50% 左右浮动。城镇居民的户均量和人均量都有迅猛增长，户均量从 1995 年的 2.90 吨标准煤增至 2012 年的 6.32 吨标准煤，人均量从 1995 年的 0.86 吨标准煤增至 2012 年的 2.23 吨标准煤。农村居民的户均量和人均量也有小幅波动式增长，户均量从 1995 年的 1.16 吨标准煤增至 2012 年的 1.81 吨标准煤，人均量从 1995 年的 0.30 吨标准煤增至 2012 年的 0.58 吨标准煤。

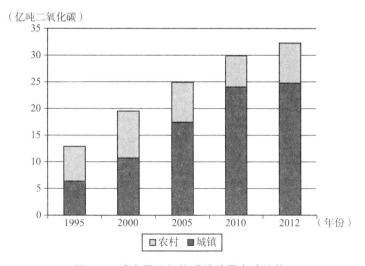

图 4.8　城乡居民间接碳排放量变动趋势

城乡居民生活间接引致的碳排放量从 1995 年的 12.92 亿吨上升

为 2012 年的 32.29 亿吨。与间接能源消费量的变动趋势相仿，城镇居民间接碳排放量逐年迅猛增长，而农村居民间接碳排放量"先升后降再升"。前者从 1995 年的 6.37 亿吨持续增长为 2012 年的 24.74 亿吨，几乎增长了 4 倍，后者从 1995 年的 6.55 亿吨升至 2000 年的 8.83 亿吨，降至 2010 年的 5.90 亿吨后，又升至 2012 年 7.54 亿吨。期初农村和城镇几乎持平，甚至还略高一些，可见两者之间差距扩大之势。城乡居民间接碳排放量占全国能源消费碳排放总量的比重一直在 40% ~50% 之间浮动，说明居民生活的间接引致也应成为节能减排的重点关注领域。城镇居民的户均量和人均量分别从 1995 年的 6.28 吨、1.87 吨增至 2012 年的 10.13 吨、3.57 吨；农村居民的户均量和人均量经历升降波动变化后，在 2012 年分别为 3.84 亿吨和 1.22 亿吨。城镇居民的人均间接碳排放量已接近农村居民的户均量，这说明人口和家庭户城镇化对间接能源消费碳排放量的增长具有明显推动作用。

从八大支出类型来看，其一，食品类消费和居住类消费是我国城乡居民间接碳排放的主要来源。总体上，前者的贡献正在降低，比重从 1995 年的 30% 降至 2012 年的 22%；而后者的贡献还在增长，比重从 1995 年的 19% 增长为 2012 年的 24%。由于城乡居民消费结构的差异，城镇居民食品类消费和居住类消费的间接碳排放低于农村居民。其二，交通通信、文教娱乐、医疗保健类消费的间接碳排放所占比重均呈上升趋势，三者合计占比从 1995 年的不到 30% 增长为 2012 年的超过 35%，特别是文教娱乐类消费的间接碳排放增长最快，比重已达 10%，农村比城镇增长更快。其三，城乡居民衣着、家庭设备及用品类消费的间接碳排放所占比重都有所降低，两者合计占比从 1995 年的 21% 降低为 2012 年的 16%，其中衣着类消费的间接碳排放降低相对更慢，比重因此下降了 3.7 个百分点。上述居民消费间接碳排放结构的变动趋势在一定程度上也反映了我国城乡居民消费结构从

"衣、食、用"向"住、行、娱、保（健）"升级转型的过程。生存型消费及其引致的间接碳排放增长相对较慢，而发展型消费及其引致的间接碳排放增长相对很快（见图4.9）。

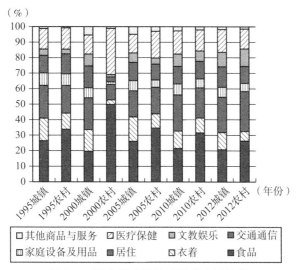

图4.9 城乡居民间接碳排放来源结构

4.3.2 电力和热力碳排放

虽然电力发电的能源结构正在逐步优化，电力碳排放系数已由1995年的水平下降约25%，但随着居民电力消费量的日益增长，所引致的间接碳排放也在迅猛增长。城乡居民电力碳排放总量从1995年的0.94亿吨增长为2012年的4.67亿吨，增长了近4倍。城镇与农村的增长幅度几乎相同，都在4倍左右。其中，城镇居民电力碳排放量从1995年的0.54亿吨增长为2012年的2.67亿吨；农村居民电力碳排放量则从0.40亿吨增长为2.00亿吨。由城乡人口规模和家庭户数的反向变动趋势推断可知，农村居民人均和户均的电力消费和碳排放量增幅均大于城镇居民。2012年城乡户均电力碳排放分别为

1131 千克和 1010 千克，人均电力碳排放为 375 千克和 312 千克，城乡差异已微乎其微。对城镇而言，电力碳排放超过其他所有直接能源消费的碳排放，电力消费是占绝对主导地位的生活碳排放来源；对农村而言，电力碳排放超过其他所有商品能源消费的碳排放，仅次于秸秆和薪柴，位列第三，电力消费也是十分重要的生活碳排放来源。可见，居民电力消费领域的节能减排不言而喻，占全国电力行业碳排放的比重达到 13%，占全国能源消费碳排放的比重约为 5%。

居民热力碳排放，即北方城镇冬季集中供暖的锅炉燃煤排放，带有一定的区域性，在全国农村和南方城镇几乎都不存在。随着城镇住宅体量的不断增大，居民热力碳排放也在不断增长，从 1995 年的 0.11 亿吨增长为 2012 年的 0.66 亿吨，增长了约 5 倍。热力碳排放已超过除电力外的所有其他城镇居民直接能源消费的碳排放，是极为重要的城镇居民生活碳排放来源，占全国能源消费碳排放的比重约为 1%。可见，在城镇居民节能减排行动中，热力也不容忽视。

4.4　本　章　小　结

本章测算了 1995～2012 年城乡直接和间接能源消费及碳排放的规模、结构，并分析了城乡差异及其变动趋势，相关结论的引申含义概括如下：

（1）城乡居民日常生活的基本需求是我国能源消费和碳排放的重要来源，直接和间接能源消费产生的碳排放占全国能源消费碳排放的半壁江山。城镇居民间接能源消费产生的碳排放明显大于农村居民，而直接能源消费产生的碳排放明显小于农村居民，已经形成"城镇以间接为主导、农村以直接为主导"的特征。在间接碳排放中，电力和热力消费的碳排放是由居民生活直接能源消费产生的，与其他间接能源消费产生的碳排放具有本质不同。将电力和热力消费的碳排放与其他直接能源消费的碳排放加总后，纵观 2012 年所有居民直接能源消费产生的碳排放，城镇居民为 4.47 亿吨，农村居民为 11.39 亿吨，城乡总量为 15.86 亿吨。居民直接能源消费产生的碳排放占全国能源消费碳排放的比重为 18%，即全国有近二成的碳排放是由居民日常生活的用能需求直接产生的。将电力和热力消费的碳排放从间接碳排放中剥离后，纵观 2012 年所有居民间接能源消费产生的碳排放，城镇居民为 21.41 亿吨，农村居民为 5.54 亿吨，城乡总量为 26.95 亿吨。居民间接能源消费产生的碳排放占全国能源消费碳排放的比重为 31%，即全国有超过三成的碳排放是由居民购买非能源商品和服务所间接引致的。综上所述，2012 年城乡居民能源消费碳排放总量为 42.81 亿吨，城镇居民为 25.88 亿吨，农村居民为 16.93 亿吨，全国 50% 的能源消费碳排放来自于居民生活的直接和间接能源消费（见图 4.10）。

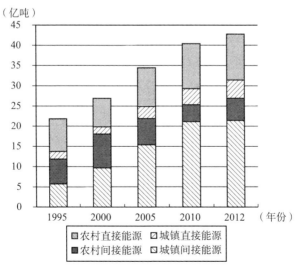

图 4.10 城乡居民能源消费碳排放总量及其结构变动趋势

（2）随着人口与家庭户城镇化的进程，居民生活碳排放的格局逐渐由"农村大于城镇"转变为"城镇大于农村"，变化的主要来源是城镇人口与家庭户数量、间接碳排放人均和户均量的迅猛增长。总体上，城镇化对直接碳排放具有抑制作用，但对间接碳排放具有促进作用。1995~2000年，农村居民生活碳排放量大于城镇居民，2000年之后城乡差异开始出现反转。居民生活碳排放的城乡构成由1995年的35∶65转变为2012年的60∶40，排放重心向城镇居民端集中的趋势十分明显。随着人口与家庭户进一步向城镇集聚，该趋势预计仍将持续很长一段时间。其中，农村居民的直接碳排放水平高于城镇居民，间接碳排放水平低于城镇居民。未来，间接碳排放在城乡家庭户数此消彼长和户均消费排放水平增高的双重影响下，仍将持续存在增长的空间；直接碳排放则有可能较快出现增长的拐点。

（3）城乡居民直接和间接能源消费碳排放内在的结构变动趋势显示，在以"住、行、娱、保（健）"为主要内涵的消费结构转型升级的推动下，未来居民消费端的碳排放增长来源和节能减排的重点将集中在以下领域：其一，居住类消费的升级，主要包括城乡居民电力和热力消费、房地产和建筑业的间接碳排放等；其二，交通出行类消费的升级，主要包括居民私人出行的油品消费、公共交通、物流等行业的间接碳排放等；其三，娱乐和保健类消费的升级，主要包括旅游业、住宿餐饮业、娱乐业、医疗保健产品制造和服务业的间接碳排放等。

第 5 章

家庭户城镇化对居民能源消费和
碳排放的影响效应

——基于城乡差异的因素分解分析

根据 IPAT 模型及在其基础上改进的 IHAT 模型、IPHoG 模型的理论内涵，通过对 Kaya 恒等式的扩展和变换，可以在理论层面勾勒出家庭户城镇化对居民生活能源消费和碳排放的影响是通过人口规模、家庭户数、收入水平、消费水平、消费结构、能源结构的变动而产生效应的。经历城镇化的家庭户，其居住地由农村变为城镇，直接使得城乡人口规模和家庭户数发生变化，同时生活方式的城乡转变使得消费水平、消费结构、能源结构也发生变化。可见，家庭户城镇化的影响根本在于"化"的过程。理论上，需要追踪所有经历城镇化的家庭户，观察其在"化"之前后的变化，才能测算总体影响和各分项效应。但实际上，受制于相关追踪调查数据缺乏等原因，这是不可能实现的。因此，本书借鉴人口学在计算总和生育率等统计指标时常用的经典思路"假想队列法"，将所观察时点的城乡差异视为家庭户城镇化所经历的变化。假设家庭户在城镇化前按照农村的平均状态居住生活，经历城镇化后便按照城镇的平均状态居住生活，城乡差异即为平均每个家庭户的城镇化对居民生活能源消费量和碳排放量的影响效应。

现有相关研究主要分为三类：其一，将人口规模分解为家庭户数和家庭户规模，进而纳入分析模型（肖周燕，2012）；其二，将人均消费水平分解为人口城镇化率和分城乡的人均消费额，进而纳入分析模型（朱勤、魏涛远，2013）；其三，对城镇和农村分别构建分析模型，进而比较其差异（曲建升等，2014）。本书区别于上述研究之处在于：将城乡纳入一个分析模型，以家庭户城镇化率替换人口城镇化率，以户均水平衡量收入与消费。首先，考察城乡差异的贡献因素及其相对贡献度的变动特征；其次，在前两部分的基础上构建模型，分析家庭户城镇化对城乡居民直接和间接生活能源消费及碳排放的影响效应；最后，总结本章研究发现，探讨未来趋势，并引出后文内容。

5.1 方法与模型构建

5.1.1 城乡差异的因素分解模型

5.1.1.1 直接能源消费及其碳排放的因素分解

虽然电力和热力消费产生的碳排放不在本书所定义的"直接碳排放"范畴之中，但为了便于在统一的模型中分析、遵循能源消费与碳排放类型相对应的逻辑思路，在因素分解时将包括电力和热力在内的所有直接能源消费及其碳排放都进行考虑。

基于上述原则，在分析城乡居民生活直接碳排放的贡献因素时，为更好地体现生活消费和排放的特性，对 Kaya 恒等式进行变换，将家庭户数替换人口规模、收入水平替换 GDP，构建如下的数量模型：

$$C(dir)_i = \sum_{j=1}^{9} C(dir)_{ij} = \sum_{j=1}^{9} H_i \times \frac{I_i}{H_i} \times \frac{En_i}{I_i} \times \frac{En_{ij}}{En_i} \times \frac{C_{ij}}{En_{ij}} \quad (5.1)$$

式中，$C(dir)_i$ 为 i 类居民直接能源消费产生的碳排放量；

i 表示居民类别，i = 1 代表城镇，i = 2 代表农村；

j 表示能源类别，j = 1，2，…，9 分别代表煤及煤制品、油品、液化石油气、天然气、电力、热力、沼气、秸秆和薪柴；

H_i 为城镇或农村的家庭户数；

I_i 为城镇或农村居民的收入水平；

En_i 为城镇或农村居民的直接能源消费合计量；

En_{ij} 为城镇或农村居民 j 类能源的消费量；

C_{ij} 为城镇或农村居民 j 类能源消费的碳排放量。

H_i 即家庭户数因子；令 $Income_i = I_i/H_i$，表示城镇或农村居民户均收入水平，即收入水平因子；令 $Enintensity_i = En_i/I_i$，表示城镇或农村居民单位收入的直接能源消费量，即直接能源消费强度因子，反映不同居民在同等收入情况下的直接能源消费强度大小；令 $Enmix_{ij} = En_{ij}/En_i$，表示城镇或农村居民 j 类能源消费量所占比重，即直接能源消费结构因子；令 $Coefficient_{ij} = C_{ij}/En_{ij}$，表示城镇或农村居民 j 类能源的碳排放系数，即碳排放因子，一般而言城镇与农村没有本质差别，视为相同。

由此，式（5.1）可表达为：

$$C(dir)_i = \sum_{j=1}^{9} H_i \times Income_i \times Enintensity_i \times$$
$$Enmix_{ij} \times Coefficient_{ij} \quad (5.2)$$

根据 LMDI（对数平均权重 Divisia）分解法，城乡直接能源消费产生的碳排放差异可以表示为：

$$\Delta C(dir) = C(dir)_1 - C(dir)_2$$

$$= \Delta C(\text{dir})_H + \Delta C(\text{dir})_{\text{Income}} + \Delta C(\text{dir})_{\text{Enintensity}} +$$
$$\Delta C(\text{dir})_{\text{Enmix}} + \Delta C(\text{dir})_{\text{coefficient}} \tag{5.3}$$

公式（5.3）中，$\Delta C(\text{dir})_H$、$\Delta C(\text{dir})_{\text{Income}}$、$\Delta C(\text{dir})_{\text{Enintensity}}$、$\Delta C(\text{dir})_{\text{Enmix}}$、$\Delta C(\text{dir})_{\text{coefficient}}$ 分别表示家庭户数因子、收入水平因子、直接能源消费强度因子、直接能源消费结构因子、碳排放因子对城乡差异的贡献值。其中，各因子影响效应的分解结果如下：

家庭户数效应：

$$\Delta C(\text{dir})_H = \frac{C(\text{dir})_1 - C(\text{dir})_2}{\ln C(\text{dir})_1 - \ln C(\text{dir})_2} \times \ln \frac{H_1}{H_2} \tag{5.4}$$

收入水平效应：

$$\Delta C(\text{dir})_{\text{Income}} = \frac{C(\text{dir})_1 - C(\text{dir})_2}{\ln C(\text{dir})_1 - \ln C(\text{dir})_2} \times \ln \frac{\text{Income}_1}{\text{Income}_2} \tag{5.5}$$

直接能源消费强度效应：

$$\Delta C(\text{dir})_{\text{Enintensity}} = \frac{C(\text{dir})_1 - C(\text{dir})_2}{\ln C(\text{dir})_1 - \ln C(\text{dir})_2} \times \ln \frac{\text{Enintensity}_1}{\text{Enintensity}_2} \tag{5.6}$$

直接能源消费结构效应：

$$\Delta C(\text{dir})_{\text{Enmix}} = \frac{C(\text{dir})_1 - C(\text{dir})_2}{\ln C(\text{dir})_1 - \ln C(\text{dir})_2} \times \ln \frac{\text{Enmix}_1}{\text{Enmix}_2} \tag{5.7}$$

碳排放因子效应：

$$\Delta C(\text{dir})_{\text{Coefficient}} = \frac{C(\text{dir})_1 - C(\text{dir})_2}{\ln C(\text{dir})_1 - \ln C(\text{dir})_2} \times \ln \frac{\text{Coefficient}_1}{\text{Coefficient}_2}$$
$$= 0 \tag{5.8}$$

由于碳排放因子在城乡之间无差异，碳排放因子效应不存在，其余各因子对城乡居民直接能源消费量城乡差异的贡献值，即为对相应的碳排放量城乡差异的贡献值。除家庭户数效应之外，其他效应的总和即为户均排放量效应。

5.1.1.2　间接能源消费及其碳排放的因素分解

为更好地体现居民消费间接引致的能源消费和碳排放的特性，在直接能源消费及其碳排放的因素分解模型的基础上，将居民消费强度替换直接能源消费强度、居民消费结构替换直接能源消费结构、单位消费支出的碳排放因子替换单位能源消费量的碳排放因子，构建如下的数量模型：

$$C(\text{ind})_i = \sum_{j=1}^{8} C(\text{ind})_{ij}$$

$$= \sum_{j=1}^{8} H_i \times \frac{I_i}{H_i} \times \frac{Ex_i}{I_i} \times \frac{Ex_{ij}}{Ex_i} \times \frac{C_{ij}}{Ex_{ij}} \qquad (5.9)$$

式中，$C(\text{ind})_i$ 为 i 类居民直接能源消费产生的碳排放量；

i 表示居民类别，$i=1$ 代表城镇，$i=2$ 代表农村；

j 表示居民消费支出的类型，$j=1$，2，…，8 分别代表食品、衣着、居住、家庭设备及用品、交通通信、医疗保健、文教娱乐、其他商品及服务；

H_i 为城镇或农村的家庭户数；

I_i 为城镇或农村居民的收入水平；

Ex_i 为城镇或农村居民的消费总支出；

En_{ij} 为城镇或农村居民 j 类消费支出；

C_{ij} 为城镇或农村居民 j 类消费支出的碳排放量。

H_i 即家庭户数因子；令 $Income_i = I_i/H_i$，表示城镇或农村居民户均收入水平，即收入水平因子；令 $Exintensity_i = Ex_i/I_i$，表示城镇或农村居民单位收入的边际消费倾向（收入弹性），即消费强度因子，反映不同居民在同等收入情况下的消费强度大小；令 $Exmix_{ij} = Ex_{ij}/Ex_i$，表示城镇或农村居民 j 类消费支出所占比重，即消费结构因子；令 $Cemission_{ij} = C_{ij}/En_{ij}$，表示城镇或农村居民 j 类消费单位支出的碳排放因子，一般而言城镇与农村没有本质差别，视为相同。

由此，式（5.9）可表达为：

$$C(\text{ind})_i = \sum_{j=1}^{8} H_i \times Income_i \times Exintensity_i$$

$$\times \, \text{Exmix}_{ij} \times \text{Cemission}_{ij} \qquad\qquad (5.10)$$

根据 LMDI（对数平均权重 Divisia）分解法，城乡间接能源消费产生的碳排放差异可以表示为：

$$\Delta C(\text{ind}) = C(\text{ind})_1 - C(\text{ind})_2$$
$$= \Delta C(\text{ind})_H + \Delta C(\text{ind})_{\text{Income}} + \Delta C(\text{ind})_{\text{Exintensity}} +$$
$$\Delta C(\text{ind})_{\text{Exmix}} + \Delta C(\text{ind})_{\text{cemission}} \qquad (5.11)$$

公式（5.3）中，$\Delta C(\text{ind})_H$、$\Delta C(\text{ind})_{\text{Income}}$、$\Delta C(\text{ind})_{\text{Exintensity}}$、$\Delta C(\text{ind})_{\text{Exmix}}$、$\Delta C(\text{ind})_{\text{cemission}}$ 分别表示家庭户数因子、收入水平因子、消费强度因子、消费结构因子、单位支出的碳排放因子（碳排放强度）对城乡差异的贡献值。其中，各因子影响效应的分解结果如下：

家庭户数效应：

$$\Delta C(\text{ind})_H = \frac{C(\text{ind})_1 - C(\text{ind})_2}{\ln C(\text{ind})_1 - \ln C(\text{ind})_2} \times \ln \frac{H_1}{H_2} \qquad (5.12)$$

收入水平效应：

$$\Delta C(\text{ind})_{\text{Income}} = \frac{C(\text{ind})_1 - C(\text{ind})_2}{\ln C(\text{ind})_1 - \ln C(\text{ind})_2} \times \ln \frac{\text{Income}_1}{\text{Income}_2} \qquad (5.13)$$

消费强度效应：

$$\Delta C(\text{ind})_{\text{Exintensity}} = \frac{C(\text{ind})_1 - C(\text{ind})_2}{\ln C(\text{ind})_1 - \ln C(\text{ind})_2} \times \ln \frac{\text{Exintensity}_1}{\text{Exintensity}_2} \qquad (5.14)$$

消费结构效应：

$$\Delta C(\text{ind})_{\text{Exmix}} = \frac{C(\text{ind})_1 - C(\text{ind})_2}{\ln C(\text{ind})_1 - \ln C(\text{ind})_2} \times \ln \frac{\text{Exmix}_1}{\text{Exmix}_2} \qquad (5.15)$$

碳排放强度效应：

$$\Delta C(\text{ind})_{\text{Cemission}} = \frac{C(\text{ind})_1 - C(\text{ind})_2}{\ln C(\text{ind})_1 - \ln C(\text{ind})_2} \times \ln \frac{\text{Cemission}_1}{\text{Cemission}_2}$$
$$= 0 \qquad\qquad (5.16)$$

各类消费单位支出的碳排放因子由各类消费间接引致的能源消费规模和结构、各类能源的碳排放系数所共同决定。由于这两项决定因素在城乡之间均无差异，故碳排放强度效应不存在。其余各因子对城乡居民消费城乡差异的贡献值，即为对相应的间接能源消费和碳排放量城乡差异的贡献值。除家庭户数效应之外，其它效应的总和即为户均排放量效应。

5.1.2 家庭户城镇化的影响效应模型

假设家庭户在城镇化前按照农村的平均状态居住生活，经历城镇化后便按照城镇的平均状态居住生活，那么户均生活碳排放量的城乡差异即为平均每个家庭户的城镇化对居民生活碳排放总量的影响效应。公式表达为：

$$\Delta C = \frac{C_1}{H_1} - \frac{C_2}{H_2}$$

$$= \frac{C(dir)_1 + C(ind)_1}{H_1} - \frac{C(dir)_2 + C(ind)_2}{H_2} \quad (5.17)$$

式中，ΔC 表示户均生活碳排放量的城乡差异；

C_1 为城镇居民的生活碳排放量；

C_2 为农村居民的生活碳排放量。

分解模型已说明，户均直接能源消费碳排放量的城乡差异分为收入水平效应、能源强度效应和能源结构效应，户均间接能源消费碳排放量的城乡差异分为收入水平效应、消费强度效应和消费结构效应。因此，可以将 ΔC 进一步分解为上述分项效应。

结合第 1 章对分城乡家庭户数和家庭户城镇化的研究，家庭户城镇化的两大来源分别为迁移城镇化人口 ΔUPM 和区划城镇化人口 ΔUPL。α_2 表示城镇迁移增长人口中进入家庭户的人口比例，α_3 表示城镇区划增长人口中进入家庭户的人口比例，α_5、α_6 分别表示农村因迁移、区划调整变为城镇人口中出自家庭户的人口比例，UHS 和 RHS

分别表示城镇和农村的平均家庭户规模。城镇家庭户数的增量 ΔUH 和农村家庭户数的增量 ΔRH，分别为：

$$\Delta UH = \frac{\Delta UPM \times \alpha_2 + \Delta UPL \times \alpha_3}{UHS} \qquad (5.18)$$

$$\Delta RH = \frac{-\Delta UPM \times \alpha_5 - \Delta UPL \times \alpha_6}{RHS} \qquad (5.19)$$

综上所述，家庭户城镇化对城镇居民碳排放量、农村居民碳排放量、居民生活碳排放总量的影响效应分别为：

$$\Delta C_1^* = \Delta UH \times \frac{C_1}{H_1} \qquad (5.20)$$

$$\Delta C_2^* = \Delta RH \times \frac{C_2}{H_2} \qquad (5.21)$$

$$\Delta C^* = \Delta C_1^* + \Delta C_2^* \qquad (5.22)$$

5.1.3 数据来源

本章所用数据，如前述章节已有涉及，其来源与之相同。除此之外，城镇居民可支配收入、农村居民纯收入、城镇居民消费总支出及各项消费支出、农村居民消费总支出及各项消费支出的数据均来源于相应年份的《中国统计年鉴》，并对其进行了平价处理，然后再计算为户均值。

5.2 城乡差异的贡献因素及其变动特征分析

5.2.1 直接能源消费碳排放的城乡差异

如图 5.1 显示，1995 年、2000 年、2005 年、2010 年和 2012 年居民直接能源消费碳排放量的城乡差异呈现"先降后升再降"的变动趋势，农村一直显著大于城镇。其中，家庭户数效应的贡献值由正变负，绝对值先降后升；收入水平效应的贡献值一直为负，绝对值微降后持续增大；能源强度效应的贡献值一直为正，绝对值也是微降后持续增大；能源结构效应的贡献值也一直为正，绝对值持续减小。由分解结果可以进一步得到各影响因素的相对贡献度（如图5.2所示）。按相对贡献度的绝对值大小排序，能源强度效应一直最大，且呈现不断增大的变动趋势，从1995年的61%增大为2012年的180%；能源结构效应不断减小，从1995年的35%（第二位）减小为2012年的17%（第四位）；收入水平效应不断增大，从1995年的 -28%（第四位）增大为2012年的 -80%（第二位）；家庭户数效应从1995年的33%变为2012年的 -17%。可见，能源强度效应和能源结构效应一直都起到扩大城乡差异的作用，两者的相对贡献此长彼消；收入水平效应一直起到缩小城乡差异的作用，且作用不断扩大；家庭户数效应先起到扩大城乡差异的作用，后又转为缩小城乡差异。

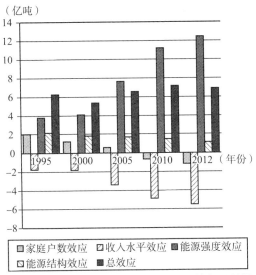

图5.1 城乡居民直接能源消费碳排放差异的各贡献因素效应

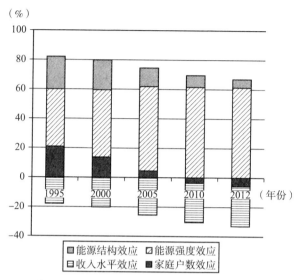

图 5.2　城乡居民间接能源消费碳排放差异的因素效应贡献度

5.2.1.1　家庭户数效应

据前述章节的研究，城镇家庭户数于 2009 年反超农村家庭户数，故 2010 年之前的家庭户数效应为负，2010 年和 2012 年的家庭户数效应变正。这说明 2010 年之前的城乡差异来源于家庭户数效应和户均排放量效应的共同作用，2010 年以后的城乡差异完全来源于户均排放量效应。在城乡家庭户数发生反转的情况下，排放量的城乡差异不减反增，表明户均排放量的城乡差异正在变大。可见，农村居民的节能减排显得尤为重要，农村人口和家庭户的城镇化是天然的减排驱动源，但户均规模的减排更加值得重视。

在四大效应中，家庭户数效应是 2010 年以来增长幅度最大的影响效应。可以预见：未来随着城镇家庭户数的进一步增多，其对居民直接能源消费碳排放城乡差异的缩小作用会表现得越来越明显；并且在与户均排放量效应的互动中，城镇居民的直接能源消费碳排放会最终超越农村居民。因此，促使农村人口和家庭户城镇化后转变以往的能源利用方式，是制定和实施居民消费领域节能减排政策的重要环节。

5.2.1.2　收入水平效应

1995 年以来，城乡居民收入水平都出现较快增长，但城镇居民户均可支配收入比农村居民户均纯收入增长得更快，城乡收入差距从 1.9 倍扩大为 2.3 倍。分解结果表明，收入水平效应一直扮演着缩小居民直接能源消费碳排放城乡差异的角色，且相对贡献越来越大。收入水平主要通过两方面效应影响着居民直接能源消费及其碳排放。其一，规模效应：收入水平提高后，生活水平随之提高，家用设备增多，居民的直接能源消费总量需求及其引致的碳排放量增大；其二，结构效应：收入水平提高后，对电力、燃气等优质、高效、清洁的现代商品能源的支付能力增强，倾向于替代排放量较多的传统能源，直接能源消费和碳排放的结构都会发生变化。收入水平对城乡差异的贡献主要在于结构效应的发挥力度。不管是缩小居民直接能源消费碳排放的城乡差异，还是推进城乡居民生活节能减排，都要寄托于收入水平的结构效应能够大于规模效应。

值得注意的是：2010 年以来，农村居民收入增速连续多年超过城镇居民收入，城乡收入差距正在缩小。从规模效应来看，这会使得农村居民直接能源消费碳排放进一步增大。但如果能借此促进结构效应的发挥，这对于农村居民生活节能减排也将不无益处。同时，户均收入水平提高也是家庭户城镇化带来的效应之一。随着收入水平提高，城镇居民更应倡导节能减排理念，促进直接能源消费规模的收入弹性逐步收敛。

5.2.1.3　能源强度效应与能源结构效应

当衡量经济增长与能源消费的互动关系时，一般将单位产值的能源消费量定义为"能源强度"。本书为分析居民能源消费，着眼点在于消费侧，故以收入替换产值来进行衡量会更为合适。因此，以居民单位收入的直接能源消费量作为衡量能源强度的指标。2010 年以前，居民单位收入直接能源消费量的城乡差异呈不断扩大趋势，农村一直大于城镇，从 1995 年的 4.3 倍扩大为 2010 年的 7.2 倍。2010 年以来，能源强度的城乡差异开始缩小，缩小为 6.5 倍。分解结果显示，能源强度效应是居民直接能源消费碳排放城乡差异的最大贡献来源，其相对贡献度呈越来越大的趋势。

能源强度效应与能源结构效应存在明显的互动关系。在农村居民直接能源消费结构中，秸秆、薪柴等传统生物质能源的比重很大，但这些能源的利用效率很低，需要大量燃烧才能满足居民生活的能源需求。因此，在同等收入水平下，农村居民比城镇居民拥有明显更高的直接能源消费强度。分解结果显示，能源结构效应呈减弱趋势，说明农村居民直接能源消费结构正在与城镇居民趋同。特别是，电力、燃气替代煤等传统化石能源的趋势十分明显，但是生物质能源利用的转型效果仍不显著。

随着城镇化的继续推进，未来能源强度和能源结构的城乡差异都会继续缩小。两者的效应叠加，会大大降低农村居民直接能源消费的碳排放量，对农村居民生活节能减排大有裨益。同时，也会缩小居民直接能源消费碳排放的城乡差异。当然，为使家庭户城镇化带来的能源强度效应和能源结构效应能够有效发挥节能减排作用，需要家庭户以外诸多社会主体的共同努力，诸如城乡能源基础设施的完善、能源公用事业和商品能源市场的有效监管等。

5.2.2　间接能源消费碳排放的城乡差异

1995 年、2000 年、2005 年、2010 年和 2012 年居民间接能源消

费碳排放量的城乡差异呈现"由负变正"、"迅猛增长后略微下降"的变动趋势（见图5.3）。其中，家庭户数效应的贡献值由负变正，绝对值一直增大；收入水平效应的贡献值一直为正，绝对值几乎也一直增大，仅在2010～2012年略微下降；消费强度效应的贡献值一直为正并保持增长；消费结构效应的贡献值由负变正，绝对值一直增大。各影响因素的相对贡献度如图5.4所示。按相对贡献度的绝对值大小排序，家庭户数效应从1995年的第一位（-305%）降为2012年的第三位（15%）；收入水平效应从1995年的第二位（261%）升为2012年的第一位（70%）；消费强度效应从1995年的第三位（125%）升为2012年的第二位（25%）；消费结构效应从1995年的19%变为2012年的-10%。可见，收入水平效应和消费强度效应一直都起到扩大城乡差异的作用；家庭户数效应先缩小城乡差异，后转为扩大城乡差异；消费结构效应正好相反。

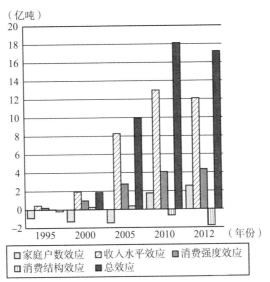

图 5.3　城乡居民间接能源消费碳排放差异的各贡献因素效应

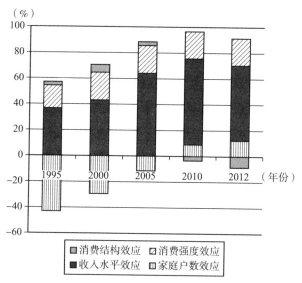

图5.4　城乡居民间接能源消费碳排放差异的因素效应贡献度

5.2.2.1　家庭户数效应

2010 年之前的家庭户数效应为负，随后变正，正好契合城乡家庭户数的变动趋势。这说明 2010 年之前，在城镇家庭户数少于农村的情况下，城镇居民的间接能源消费碳排放大于农村完全是由于户均排放量效应；2010 年及之后，城乡差异则来源于家庭户数效应和户均排放量效应的共同作用。目前家庭户数效应小于户均排放量效应，但未来家庭户数效应必将不断增强，而户均排放量效应在短期内不可能马上收敛。可见，人口和家庭户的城镇化将是居民间接碳排放量增长的天然源泉，预计在未来一段时期内仍将发挥重要的驱动作用，城镇和城乡总量将以更快的速度增长。因此，在城镇化过程中，推进居民消费模式的绿色转型将至关重要。

5.2.2.2　收入水平效应

收入水平一直扮演着扩大居民间接能源消费城乡差异的角色，且相对贡献的重要性越来越强。收入水平主要通过两方面效应影响着居民间接能源消费及其碳排放。其一，规模效应。收入水平提高后，各消费支出都随之增多，由此引致的碳排放量增大。其二，结构效应。收入水平提高后，倾向于消费更多碳排放强度较高的居住类、交通通信类、医疗保健类产品和服务。由于城镇居民收入水平一直大于农村，在农村家庭户城镇化后，收入水平的规模效应和结构效应将共同驱动着间接碳排放量的增长。近年来城乡收入差距逐步缩小的趋势明显，收入水平效应也有微降趋势。因此，随着居民收入水平提高和城乡收入差距缩小，更应倡导节能减排理念，引导合理消费。

5.2.2.3　消费强度效应

以单位收入的消费支出（支出收入比）衡量的消费强度，反映居民收入增长的边际消费倾向，即消费的收入弹性。1995～2012 年，城乡居民的消费强度总体上都在降低，城镇一直高于农村，但城乡差距趋于缩小。这反映了随着城乡居民收入的不断增长，基本生活的刚性需求逐渐被满足，消费的收入弹性出现降低，城镇比农村降低得更快一些。城乡居民消费强度效应在不断增强，表明除收入水平的城乡差异以外，消费收入弹性的城乡差异也对户均排放量城乡差异的产生起到非常重要的贡献作用。同时可以看到，随着城乡居民消费强度的差距不断缩小，消费强度效应的增强趋势也正在减缓。因此，城镇化进程中的消费强度效应收敛将可以预期。

5.2.2.4　消费结构效应

1995 年以来，我国城乡居民消费结构正在经历从"衣、食、用"向"住、行、娱、保（健）"转型升级的过程。相比于农村居民，城镇居民的消费结构走在转型升级的前端。1995～2005 年，消费结构效应为正，表明当时城镇居民的消费结构更具高排放倾向；2005 年以后，消费结构效应变负，表明农村居民消费结构的排放倾向开始超越城镇居民。这正是城乡居民消费结构转型升级的阶段性表现：1995～

2005年，城镇居民的消费结构率先向高排放的"住、行"升级，而农村居民的消费结构走在后面；2005年以后，城镇居民的消费结构已开始向低排放的"娱、保"升级，而农村居民的消费结构仍处于向"住、行"升级的阶段。预计，随着人口与家庭户城镇化的深入，城乡消费结构更将趋同，未来消费结构效应将逐渐收敛。

5.3　家庭户城镇化的影响效应分析

户均直接能源消费碳排放的城乡差异从1995年的-1.8吨扩大为2012年的-3.9吨，这意味着平均每个家庭户的城镇化对居民生活直接能源消费碳排放总量的影响效应从1995年的-1.8吨扩大为2012年的-3.9吨。该影响效应可以分为家庭户城镇化带来的收入水平提高效应、能源强度降低效应和能源结构转型效应，前者的影响为正效应，后两者的影响为负效应，三者都呈扩大不断扩大的趋势。1995～2012年，收入水平提高效应从0.8吨扩大为1.6吨，能源强度降低效应从-1.6吨扩大为-3.5吨，能源结构转型效应从-0.9吨扩大为2.0吨。可见，在家庭户的城镇化过程中，能源强度降低对居民生活直接能源消费碳排放总量的影响最大，其次分别为能源结构转型和收入水平提高。

以乡—城人口迁移和城乡区划调整为来源的家庭户城镇化，改变了城乡的家庭户数，一方面使城镇家庭户数增多，另一方面使农村家庭户数减少。本书分析在其他情况均不变的情况下，仅考虑家庭户城镇化过程中城乡家庭户数变化和城镇化家庭户的户均排放量变化带来的居民生活直接能源消费碳排放量的变动。结果显示：1995～2013年，城镇居民直接能源碳排放量因此增加了1.48亿吨，四阶段分别增加0.21亿吨、0.59亿吨、0.40亿吨和0.28亿吨；农村居民直接能源碳排放量因此减少了4.30亿吨，四阶段分别减少0.54亿吨、1.35亿吨、1.47亿吨和0.93亿吨；城乡居民直接能源碳排放总量因此减少了2.82亿吨，四阶段分别减少了0.34亿吨、0.76亿吨、1.08亿吨和0.65亿吨。

　　户均间接能源消费碳排放的城乡差异从1995年的2.9吨扩大为2010年、2012年的7.4吨和6.3吨，这意味着平均每个家庭户的城镇化对居民生活间接能源消费碳排放总量的影响效应从1995年的2.9吨扩大为2010年、2012年的7.4吨和6.3吨。该影响效应可以分为家庭户城镇化带来的收入水平提高效应、消费强度增强效应和消费结构转型效应，除2010年和2012年消费结构转型呈负效应外，其余年份的各项效应都为正，且基本都呈不断扩大的趋势。1995~2012年，收入水平提高效应从1.9吨扩大为5.2吨，消费强度效应从0.9吨扩大为1.9吨，消费结构效应从0.1吨变动为0.8吨。可见，在家庭户的城镇化过程中，收入水平提高对居民间接能源消费碳排放总量增长的驱动影响最大，其次为消费强度增强；消费结构转型效应已经由2010年之前的驱动增长作用转变为抑制增长作用。

　　在其他情况均不变的情况下，仅考虑家庭户城镇化过程中城乡家庭户数变化和城镇化家庭户的户均排放量变化带来的居民生活间接能源消费碳排放量的变动。结果显示：1995~2013年，城镇居民间接能源碳排放量因此增加了76.79亿吨，四阶段分别增加11.59亿吨、30.47亿吨、21.25亿吨和13.48亿吨；农村居民间接能源消费碳排放量因此减少了25.72亿吨，四阶段分别增加6.41亿吨、9.16亿吨、5.61亿吨和4.54亿吨；城乡居民间接能源消费碳排放总量因此增加了51.07亿吨，四阶段分别增加5.18亿吨、21.30亿吨、15.65亿吨和8.94亿吨。

　　综上所述，1995~2012年家庭户城镇化对城乡居民生活碳排放量的增长具有明显的驱动影响（见图 5.5）。排放总量因家庭户城镇化而共计增加了 22.89 亿吨，平均每年增加 1.35 亿吨，四阶段分别增加 1.83 亿吨、13.75 亿吨、4.89 亿吨和 2.42 亿吨。分城乡来看，家庭户城镇化使得城镇居民生活碳排放量共计增加了 91.58 亿吨，平均每年增加 5.39 亿吨；农村居民生活碳排放量共计减少了 68.70 亿吨，平均每年减少 4.04 亿。因此，家庭户城镇化的影响表现为驱动城镇居民生活碳排放、抑制农村居民生活碳排放、驱动间接能源消费碳排放、抑制直接能源消费碳排放，在本章的研究时期内，驱动影响大于抑制影响，从而实现城乡居民生活碳排放总量的净增长。

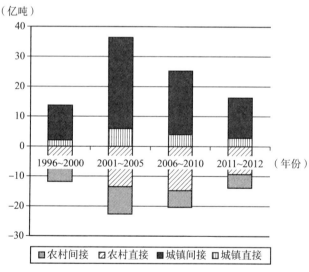

图 5.5 家庭户城镇化对居民能源消费碳排放的影响效应

5.4 本 章 小 结

本章基于家庭户在城镇化前按照农村的平均状态居住生活、经历城镇化后便按照城镇的平均状态居住生活的假设，通过对居民直接和间接能源消费碳排放城乡差异的因素分解分析，测算家庭户城镇化对居民生活能源消费碳排放的影响效应，主要结论如下：

（1）家庭户城镇化的影响效应表现为城乡家庭户数变动效应和户均排放量变动效应。前者表现为城镇家庭户数增多、农村家庭户数减少；后者表现为经历城镇化的家庭户相较城镇化之前，其直接能源消费碳排放减少、间接能源消费碳排放增多。在两者的综合影响下，1995～2012年家庭户城镇化驱动城镇居民生活碳排放、抑制农村居民生活碳排放、驱动间接能源消费碳排放、抑制直接能源消费碳排放，城乡居民生活碳排放总量因家庭户城镇化而共计增加了22.89亿吨，平均每年增加1.35亿吨，相当于每年增加2012年城乡居民生活碳排放总量的3%。

（2）家庭户城镇化对居民生活碳排放的驱动效应集中体现在城镇地区，共计增加了91.58亿吨碳排放量，平均每年增加5.39亿吨，相当于每年增加2012年城镇居民生活碳排放量的近四分之一。相比于直接能源消费碳排放，城镇居民间接能源消费碳排放受家庭户城镇化的驱动影响更为明显，占总增加量的80%以上。因此，经历城镇化后家庭户的日常生活消费引致的碳排放应成为节能减排领域关注的重点。

（3）家庭户城镇化对节能减排的贡献集中反映在农村地区，共计减少了68.70亿吨，平均每年减少4.04亿吨，相当于每年减少2012年农村居民生活碳排放量的近四分之一。节能减排的贡献主要体现在农村居民直接能源消费碳排放量的减少，占总减少量的60%以上。因此，利用家庭户城镇化在农村地区的减排效应，为全国发掘和腾挪减排空间具有重要的战略意义。

第 6 章

城乡居民家庭户人口结构、收入及消费对户均生活碳排放的影响机理分析

　　根据本书前述章节的研究结果，家庭户城镇化对城乡居民户均直接碳排放的影响效应包括收入水平效应、能源消费强度效应和能源消费结构效应，对户均间接碳排放的影响效应包括收入水平效应、消费强度效应、消费结构效应。可见，家庭户城镇化对户均生活碳排放的影响主要来源于城镇化带来的收入和消费变化。LES、ELES、AIDS 等经典的需求与消费模型已得到充分验证表明收入是影响居民消费的最重要因素，并称之为"消费预算约束"（Stone，1954；Liuch and Williams，1975；Deaton and Muellbauer，1980）。人口（年龄）结构是影响居民收入和消费最原始、最内在的元素，生命周期假说、持久收入假说、Leff 模型和储蓄率模型均在宏观层面勾画了人口年龄结构对居民收入及消费的影响机理（Modigliani and Brumberg，1954；Friedman，1957；Leff，1969；Bloom et al.，2003）。基于居民收入与消费（尤其是消费）通常以户为单位决策和运筹的事实，曼昆和韦尔（Mankiw and Weil，1989）、米红和任正委（2014）、朱勤和魏涛远（2015）在微观家庭户层面人口结构对居民收入及消费的影响机理也进行了探索

性的解释。特别是朱勤和魏涛远（2015）将 M－W 模型与经典的需求和消费函数模型结合，构建了包含年龄性别变量的居民消费模型。

间接碳排放的测算和分析基于居民最终消费的货币量进行，可与上述模型和方法无缝对接。直接能源消费碳排放的测算和分析基于各能源消费品类的实物量进行，需要改进和调整上述模型和方法。因此，本书在上述模型和方法的基础上，首先，引入价格指数与价格效应，分析城乡居民家庭户人口结构、收入及消费对户均间接碳排放的影响机理；然后，改进和调整上述模型和方法，以适用于分析三要素对户均直接能源消费碳排放的影响机理。

6.1 研 究 设 计

6.1.1 模 型 与 方 法

6.1.1.1 户均间接碳排放模型

曼昆和韦尔（1989）曾运用回归方程分解的方法，构建了用来测度不同年龄人口住房需求的计量模型（以下简称"M－W 模型"），并为后人广泛运用。但该模型方法也受到了不少质疑，其中最大的质疑便是忽略了经典需求函数中最为重要的变量"消费预算约束"（即收入）（Hamilton，1991；Swan，1995）。朱勤、魏涛远（2015）认为从模型的拟合优度 Adjusted R^2 来看，M－W 模型对住房需求的分析具有一定的适用性，曼昆和韦尔（1989）的住房消费需求模型的拟合优度为略低于0.70，但难以直接扩展至其他类型的居民消费需求，需要对模型进行改进。米红、任正委（2014）对 M－W 模型进行扩展，将年龄和性别交互变量组纳入模型，构建仅包括全口径年龄性别变量的家庭户电力消费模型，得到家庭户电力消费的年龄性别模式，具有很强的人口学意义。基于此，朱勤、魏涛远（2015）进一步改进，将年龄和性别交互变量组纳入经典的需求和消费函数模型：ELES 模型和 AIDS 模型，构建了年龄性别居民消费模型（以下简称"Z－W 模型"）。

本书在 Z－W 模型的基础上，做了两项扩展与改进，构建居民消费模型，作为城乡居民家庭户人口结构、收入及消费对户均间接碳排放影响机理模型的基础。其一，使用包括时间维度的两期面板数据，可以观察到不同时期外部环境对居民消费的影响以及不同队列之间的差异，即可以在一定程度上从年龄效应（age effect）中分离出时期效应（period effect）和队列效应（cohort effect）。虽然两期数据对此所能做的贡献并不大，但至少是一次尝试和探索。其二，引入价格指数，一方面可分析价格变动后收入的实际购买力水平变化对居民消费的影响；另一方面可分析各项消费支出价格变化所带来的替代消费效应。最终建立的居民消费模型如下：

$$\begin{cases} \ln E_t = a + b\ln I_t + c\left(\ln I_t\right)^2 + \displaystyle\sum_{j=0}^{80} d_j Y_{jt} + e P_t + u_t \\[2mm] \ln E_{kt} = \alpha_k + \beta_k \ln E_t + \displaystyle\sum_{j=0}^{80} \gamma_{kj} Y_{jt} + \delta_k P_{kt} + \varepsilon_{kt} \\[2mm] Y_{jt} = \displaystyle\sum_{i=1}^{N} Dummy_{ijt} \end{cases} \quad (6.1)$$

$$(i = 1, 2, 3, \cdots, N; j = 0, 5, 10, \cdots, 80)$$

公式（6.1）中，i 表示家庭户中成员的序号；

$j = 0, 5, 10, \cdots, 80$ 表示 5 岁间隔年龄组，分别为 0～4 岁、5～9 岁、10～14 岁、…、80 岁及以上；

t 表示时间（年份）；

N 表示家庭户规模，即家庭户成员总数；

$Dummy_{ij}$表示家庭户中第i个成员年龄是否为j的虚拟变量；

Y_j表示家庭户中年龄为j的成员总数；

E表示家庭户的人均消费总支出；

k表示消费支出的类型，根据中国国家统计体系中的分类，设定取值为1，2，$\cdots$，8，分别代表食品、衣着、居住、家庭设备及日用品、医疗保健、交通通信、文教娱乐、其他商品和服务；E_k表示家庭户各支出类型的人均消费支出；

I表示家庭户人均收入；

P表示居民消费价格指数的变动值，即第t年相对于基年的居民消费价格指数与100的差值，基年的消费价格指数为0；

P_k表示各居民支出类型的消费价格指数；

α、β、γ、δ及a、b、c、d、e均为模型待估计的参数，ε和μ为随机误差项。

为简洁明了而便于观察，式（6.1）所表述的模型只包含年龄变量组，表征家庭户的人口年龄结构。若要同时考虑年龄和性别结构，则需构建年龄性别交互变量组并纳入模型，令：

$$YM_j = \sum_{i=1}^{NM} Dummy\ M_{ij} \qquad (6.2)$$

$$YF_j = \sum_{i=1}^{NF} Dummy\ F_{ij} \qquad (6.3)$$

公式（6.2）和公式（6.3）中，NM和NF分别表示家庭户中男性成员和女性成员的人数；

$DummyM_{ij}$和$DummyF_{ij}$分别表示家庭户中第i位成员是否属于年龄为j岁组的男性和女性的虚拟变量；

YM_j和YF_j分别表示家庭户中年龄为j岁组的男性和女性成员人数。

以YM_j和YF_j替换公式中的Y_j即可得到包含年龄性别交互变量组的居民消费模型。

因为以户为单位的家庭收入和消费支出数据相对于家庭户的人均值而言，一般具有更大的方差（米红、任正委，2014；朱勤、魏涛远，2015），所以模型使用人均收入和人均消费支出变量，可在一定上提高模型的拟合优度和参数估计的显著性水平。然后，对人均收入和消费数据取对数，可以进一步起到改善模型的效果。

运用最小二乘法对构建的消费模型进行参数估计，可以得到全社会家庭户人均总消费支出、各类型的人均消费支出的表达式近似为：

$$\overline{E} = \exp\left(a + b\ln\overline{I} + c\,(\ln\overline{I})^2 + \sum_{j=0}^{80} d_j\,\overline{Y_j} + e\,\overline{P}\right) \tag{6.4}$$

$$\overline{E_k} = \exp\left(\alpha_k + \beta_k\ln\overline{E} + \sum_{j=0}^{80} \gamma_{kj}\,\overline{Y_j} + \delta_k\,\overline{P_k}\right) \tag{6.5}$$

公式（6.4）和公式（6.5）中，$\overline{E}$ 表示全社会所有家庭户人均消费总支出的均值；

$\overline{E_k}$ 表示各类型人均消费支出的均值；

$\overline{I}$ 表示人均收入的均值；

$\overline{Y_j}$ 表示平均每个家庭户中各年龄性别组成员数的均值，所组成的向量方程表示全社会家庭户人口的年龄性别结构；

$\overline{P}$ 表示时期内居民消费价格指数的均值；

$\overline{P_k}$ 表示各类支出的消费价格指数均值。

各参数均为相应的弹性系数。其中，d_j 和 γ_{kj} 分别表示各年龄性别组人口对总消费和各消费项的边际消费倾向的自然指数；e 表示总消费支出价格变动弹性系数的自然指数；δ_k 表示各项消费支出价格变动弹性系数的自然指数。

在平均每个家庭户各项人均消费支出的基础上，进一步构建户均间接碳排放模型。如下表示：

$$\overline{C(\text{ind})} = \overline{E_k} \times \overline{N} \times \text{Exintensity}_k \tag{6.6}$$

公式（6.6）中，$\overline{C(\text{ind})}$ 表示户均间接碳排放；

$\overline{N}$表示平均家庭户规模；

Exintensity$_k$表示各项消费支出的碳排放强度。

6.1.1.2　户均直接碳排放模型

为构建居民直接能源消费模型，在居民消费模型的基础上，进行如下调整：其一，以各类直接能源消费的标准煤合计量来表示居民直接能源热值总需求，并将其替换居民消费总支出纳入模型，作为总消费模型的因变量；其二，以各类直接能源消费的实物量替换各类居民消费支出而纳入模型，作为各分项消费模型的因变量；其三，因各类直接能源消费的价格因素过于复杂，为简化模型，故取消价格因素。最后得到更贴合居民直接能源消费实际的模型：

$$\begin{cases} \ln EN_t = a + b\ln I_t + c\,(\ln I_t)^2 + \sum_{j=0}^{80} d_j\,Y_{jt} + u_t \\[2mm] \ln EN_{kt} = \alpha_k + \beta_k \ln EN_t + \sum_{j=0}^{80} \gamma_{kj}\,Y_{jt} + \varepsilon_{kt} \\[2mm] Y_{jt} = \sum_{i=1}^{N} Dummy_{ijt} \end{cases} \qquad (6.7)$$

$(i = 1,\ 2,\ 3\cdots N;\ j = 0,\ 5,\ 10,\ \cdots,\ 80)$

公式（6.7）中，EN 表示直接能源消费的标准煤合计量（热值总需求）；

EN_k表示各类直接能源消费；

$k = 1,\ 2,\ \cdots,\ 9$ 分别表示煤、油品、液化气、天然气、电力、热力、沼气、秸秆与薪柴，其余表述皆与居民消费模型相同。相应地，户均直接碳排放模型表述为：

$$\overline{C(dir)} = \overline{EN_k} \times \overline{N} \times Enintensity_k \qquad (6.8)$$

公式（6.8）中，$\overline{C(dir)}$表示户均直接碳排放；

$\overline{N}$表示平均家庭户规模；

Enintensity$_k$表示各类直接能源的碳排放强度。

6.1.2 数据来源与说明

户均间接碳排放模型中的收入、消费支出、家庭户规模、年龄、性别均来自于中国家庭动态跟踪调查（CFPS）。该调查采用内隐分层的、多阶段、与人口规模成比例的概率抽样方法（许琪，2013），样本覆盖了除港澳台、新疆维吾尔自治区、西藏自治区、青海省、内蒙古自治区、宁夏回族自治区和海南省之外的全国 25 个省区市的人口。中国家庭动态跟踪调查样本所在的 25 个省区市的人口覆盖了中国总人口数的 94.5%。由于覆盖范围如此广泛，可以将中国家庭动态跟踪调查视为一个全国代表性样本（北京大学中国社会科学调查中心，2012）。中国家庭动态跟踪调查不仅包括收集家庭户规模、城乡属性、收入、消费支出等信息的家庭户问卷（家庭经济库），还包括收集家庭成员人口学特征等个人信息的家庭户成员问卷（家庭成员关系库）。因此，该调查数据基本符合本书的分析框架。自 2010 年基线调查开始，调查团队又于 2012 年、2014 年和 2016 年进行了追踪调查，并将在今后每两年进行一次追踪调查。由于在本书研究进行时，2014 年的调查数据尚未对外公布，所以本书使用 2010 年和 2012 年的调查数据。

首先，将两期数据的家庭经济库合并，识别出 2012 年被追踪调查到的基线家庭 12625 户。然后，删除五个"大省"样本中不属于全国再抽样样本框的样本 4419 户，得到具有全国代表性的 8206 户面板数据样本。接着，剔除某一年收入或消费支出为缺失值的样本 1763 户，得到的 6443 户为本书可用的有效样本。最后，将家庭户有效样本数据与两期数据的家庭成员关系库匹配，得到包含 6443 户的 2010 年 24380 位家庭户成员、2012 年 24468 位家庭户成员年龄、性别信息的数据集，并构建得到年龄性别交互变量组。其中，2010 年的城镇样本、农村样本分别为 3432 户、3011 户，2012 年的城镇样本、农村样本分别为 3333 户、3110 户。这说明两年间有 99 户的城乡属性发生了转变。2011 年和 2012 年居民消费价格分类指数来源于相应年份的《中国统计年鉴》。基于此，再计算得到 2012 年相对于 2010 年的居民消费价格分类指数。

如表 6.1 所示，城镇样本的平均家庭户规模小于农村样本，两者的变动趋势相反，前者在两年内有所扩大，而后者呈缩小之势。城镇样本和农村样本的纯收入、总消费和各项消费支出在两年内均有不同程度的增长，但城镇的所有数据项都大于农村，城乡差异非常显著。各项消费支出中，食品支出最高，衣着支出、居住支出、其他商品及服务支出相对较低。各数据项的标准差分布各异，食品支出的离散程度最低，而其他商品及服务的离散程度最高。有部分家庭户的总消费和各项消费支出为零值，由于不能对零值取对数，在模型的参数估计中将会使这部分样本被自动剔除，导致有效样本数减少。为解决这一问题，将上述零值替换为 1 元，以在保证有效样本数量的情况下满足模型的参数估计要求。其他商品及服务支出含零值太多，故不将其纳入模型。各项居民消费价格指数中绝大部分都表现出物价上涨的态势，上涨最快的是食品价格，只有城镇居民交通通信支出的价格下降了 0.1%。

表 6.1　　　户均间接碳排放模型所用样本数据的描述性统计

样本	样本数	平均值	标准差	最小值	最大值	价格指数
2010 年城镇样本：						
家庭户规模	3011	3.50	1.50	1	14	
纯收入	3011	38276.23	47809.53	5	1002000	
总消费	3011	28976.84	31613.82	0	695400	

样本	样本数	平均值	标准差	最小值	最大值	价格指数
食品	3011	9801.96	7428.33	0	111065	
衣着	3011	1405.26	2023.99	0	30000	
居住	3011	2441.19	10109.88	0	285000	
家庭设备及用品	3011	3350.27	8214.91	0	266400	
医疗保健	3011	3700.67	10498.10	0	240000	
交通通信	3011	3741.51	7326.61	0	129000	
文教娱乐	3011	3774.85	9586.39	0	310000	
其他商品及服务	3011	762.15	8719.58	0	400000	
2010 年农村样本:						
家庭户规模	3432	4.04	1.76	1	26	
纯收入	3432	25054.16	52219.42	5	2042105	
总消费	3432	19834.77	25428.43	0	443880	
食品	3432	6781.46	7003.29	0	180000	
衣着	3432	798.34	1142.24	0	26000	
居住	3432	936.82	6399.25	0	250000	
家庭设备及用品	3432	2175.94	9380.38	0	366000	
医疗保健	3432	3095.81	11002.70	0	430000	
交通通信	3432	2331.99	4139.44	0	87600	
文教娱乐	3432	2528.32	5595.28	0	120000	
其他商品及服务	3432	1187.51	12036.97	0	380000	
2012 年城镇样本:						
家庭户规模	3110	3.56	1.56	1	12	
纯收入	3110	44871.37	57817.10	1	1286982	
总消费	3110	43840.17	52290.17	0	1286982	108.14
食品	3110	16201.67	14891.56	0	260000	117.29
衣着	3110	2295.38	3487.04	0	100000	105.16
居住	3110	3129.81	2974.35	0	40520	107.41

样本	样本数	平均值	标准差	最小值	最大值	价格指数
家庭设备及用品	3110	7637.36	33890.35	0	1007100	103.11
医疗保健	3110	3895.92	11391.47	0	310000	105.47
交通通信	3110	3806.51	5419.66	0	79200	99.9
文教娱乐	3110	4712.56	9286.71	0	220000	100.7
其他商品及服务	3110	2161.55	10903.09	0	350000	
2012 年农村样本:						
家庭户规模	3333	4.02	1.82	1	14	
纯收入	3333	32041.51	37445.18	2	752040	
总消费	3333	30376.50	32404.81	0	524760	108.45
食品	3333	12606.39	12275.36	0	197600	116.90
衣着	3333	1440.40	1897.14	0	30000	105.77
居住	3333	1575.05	2060.67	0	28900	101.80
家庭设备及用品	3333	4325.50	17534.21	0	504200	105.47
医疗保健	3333	3657.27	10635.16	0	300000	101.91
交通通信	3333	2493.20	3669.48	0	64200	101.81
文教娱乐	3333	2812.90	7647.46	0	300000	107.71
其他商品及服务	3333	1466.52	8837.31	0	321000	

注：家庭户规模的单位为人，总消费及各项消费支出的单位为元，计算 2012 年的价格指数时以 2010 年的价格为 100 元。

资料来源：CFPS 数据库、《中国统计年鉴》（2012 年、2013 年）。

因为中国家庭动态跟踪调查没有系统地采集家庭户直接能源消费的数据，所以在构建户均直接碳排放模型时需要将分析尺度由以户为基本单元的小尺度向以区域为基本单元的大尺度转变。综合考虑各方面因素，模型以省级区域为基本单元进行构建。由于未能获取到 1995 年及以前分城乡（城市、镇、乡）、分年龄性别的人口数据，为使人口及家庭户数据与直接能源消费数据在年份上完全对应，故选择 2000

年、2005 年和 2010 年三个年份的数据进行分析。模型中各省区市的城乡人均收入数据来源于各年份的《中国统计年鉴》;各省区市分城乡 5 岁年龄性别组的人口数据根据"五普"、"六普"和"小普查"统计资料计算得到;城乡居民各类商品能源的消费量来源于各年份《中国能源统计年鉴》的各省能源平衡表,共计 93 张表;2000 年和 2005 年农村居民非商品能源(沼气、秸秆和薪柴)的消费量来源于相应年份《中国能源统计年鉴》的相关表格,2010 年数据依照前文对全国数据的计算方法得到。

各省区市的城镇人口都随着时间变化呈不断增长的态势,而农村人口都在不断减小,两者呈相反的变动趋势。商品能源消费中,各省的平均值除了煤及煤制品的使用量在减少外,城乡居民生活消费的油品、液化石油气、天然气、热力、电力都在明显增加。总体上,城镇居民的煤及煤制品消费量小于农村居民,但其他商品能源的消费量都大于农村居民。农村生物质能源消费中,各省区市的平均值也都在增长。各数据项的标准差分布各异,除电力、秸秆外,其他能源消费量的标准差都大于平均值,说明其离散程度很大,即各省份之间的差异很大。电力、秸秆和直接能源消费总量的平均值略大于标准差,说明其离散程度也较大。人口和人均收入的离散程度相对较小(见表6.2)。

表 6.2　　　　户均直接碳排放模型所用样本数据的描述性统计

样本	样本数	平均值	标准差	最小值	最大值
城镇样本:					
人口(万人)	93	1830	1280	508	6900
煤(万吨)	93	140	161	0	864
油品(万吨)	93	35	59	0	317
液化石油气(万吨)	93	32	51	0	316

样本	样本数	平均值	标准差	最小值	最大值
天然气（亿立方米）	93	2.5	3.7	0	21.9
热力（万百万千焦）	93	1880	3399	0	18220
电力（亿千瓦时）	93	59	54	0	334
直接能源消费总量（万吨标准煤）	93	189607	166503	0	801310
人均收入（元）	93	11523	5959	4724	31838
农村样本：					
人口（万人）	93	2320	1660	192	6990
煤（万吨）	93	229	244	0	981
油品（万吨）	93	12	21	0	128
液化石油气（万吨）	93	9.2	20.1	0	120.3
天然气（亿立方米）	93	0.03	0.16	0	1.3
电力（亿千瓦时）	93	14	92	0	803
沼气（亿立方米）	85	27225	37707	42	192240
秸秆（万吨）	86	586	479	0.36	2105
薪柴（万吨）	87	8751	20748	0.22	109101
直接能源消费总量（万吨标准煤）	93	74008	72778	0	307346
人均收入（元）	93	4080	2506	1331	13978

资料来源：《中国统计年鉴》（2001年、2006年、2011年），《中国能源统计年鉴》（2001年、2006年、2011年），"五普"、"六普"和"小普查"统计资料汇编。

6.2 居民消费模型与户均间接碳排放模型的结果分析

利用构建的居民消费模型对城镇样本和农村样本分别进行参数估计和模型检验，两者显示出高度的统一性。首先，Hausman检验统计值均拒绝了随机效应模型，故采用固定效应模型进行分析，这可以有效地应对无法观测到的各家庭户的固有特征，从而可以很好地控制遗漏变量的异质性给分析结果带来的偏误。然后，对时间效应进行 F 检验，均为显著，说明应将反映时间效应的年度虚拟变量纳入。结果也符合预期，2012 年的城乡人均收入和各项人均消费支出均比 2010 年有较大幅度跃升。最后，Pesaran's 检验表明组间具有相关性，Modified Wald 检验表明存在群组异方差，Wooldridge 检验表明存在组内序列相关性，故采用面板修正的标准差估计（PCSE）来处理固定效应模型。由于总消费支出方程及各项消费支出方程的随机误差项之间存在相关性，故 SUR（seemingly unrelated regression）系统估计方法（Greene，2002）来提高模型的性能。

回归模型的结果显示（详见附表 1、附表 2），分城乡的总消费模型和 7 类分项消费模型均通过了显著性水平为 0.0001 的卡方检验。除医疗保健消费模型外，其余模型的拟合优度都在 0.22～0.41，城乡医疗保健消费模型的拟合优度分别为 0.11 和 0.14。人均收入变量、人均消费支出变量和各类价格指数变量在模型中都非常显著，年龄性别组变量的显著性在各类消费模型中有不同的表现，但城乡表现基本一致。城乡总消费模型的变量显著性水平均为最高，34 个年龄性别组变量中都有 32 个通过显著性水平为 0.05 的 t 检验。各分类消费模型中，农村文教娱乐消费模型的变量显著性水平最高，有 30 个年龄性别组变量显著；城镇家庭设备及日用品消费模型的变量显著性水平相对最低，有 25 个年龄性别组变量显著。总体而言，模型整体得到较好的拟合，变量也表现出较好的显著性水平。

从回归模型中人均收入自然对数及其二项式自然对数的回归系数可以分析发现：在当前及未来城乡居民人均收入的增长区间内，人均收入对人均总消费支出一直都将具有显著的正向推动效应；随着人均收入的增长，其单位增长对人均总消费支出的推动作用将越来越大；

从城乡对比来看，城镇居民人均收入单位增长对人均总消费支出的推动作用大于农村居民。这意味着，在从农村到城镇的城镇化过程中，随着收入水平的提高，消费支出的收入弹性表现很明显，一方面表现为人均收入本身的提高；另一方面还表现为收入弹性的增强。分项消费支出模型显示，总消费支出对各分项消费支出影响的弹性系数都为正数。其中，对城镇居民而言，影响最大的为文教娱乐消费，影响最小的为医疗保健支出，当总支出增长 1% 时，文教娱乐消费支出增长1.9%，医疗保健支出增长 0.8%；对农村居民而言，影响最大的也是文教娱乐消费，影响最小的为食品消费，当总支出增长 1% 时，文教娱乐消费支出增长 1.2%，食品支出增长 0.9%。将总消费模型与分项消费模型综合来看，城镇居民医疗保健支出和食品支出、农村居民食品、衣着和居住支出的收入弹性小于相应的总支出收入弹性，而其他支出的收入弹性都相对较高。可见，城乡居民生存型消费的收入弹性普遍小于发展型消费；城镇居民医疗保健支出的收入弹性最小主要是由于近年来医疗体制改革减轻了居民的医疗费用负担，特别是在职工医保为主体的城镇表现非常明显。

城乡居民总消费支出和各项消费支出的价格效应表现不一。发展型消费支出表现为明显的价格效应，价格升高抑制了农村居民家庭设备及日用品、医疗保健、交通通信、文教娱乐和城镇居民居民家庭设备及日用品、医疗保健、文教娱乐的消费，当价格升高 1% 时，这些消费支出分别减少 0.17%、0.03%、0.13%、0.24%、0.15%、0.02% 和 0.73%；城镇交通通信消费价格降低，促进了该项支出的增长，当价格降低 1% 时，支出增长 2.4%。总消费支出和生存型消费支出对价格的反应较为刚性，价格升高的同时，消费支出也在增长，当价格升高 1% 时，城乡总消费支出分别增长 0.05% 和 0.04%，食品支出分别增长 0.01% 和 0.003%，衣着支出分别增长 0.09% 和

0.07%，居住支出分别增长 0.30% 和 0.43%；支出增幅小于价格升幅，说明实物消费量在降低、价格效应存在但不明显。总体上，发展型消费对价格相对敏感，生存型消费相对不敏感。

在控制收入、价格的情况下，城乡各年龄性别组人口的边际消费倾向存在较为明显的异质性。食品消费总体上呈现"两头高、中间低"的年龄别特征，但规律并不十分明显，在生命周期内变动幅度很小；食品消费"男高女低"的性别特征非常明显，无论城镇还是农村，男性的边际消费倾向都高于女性；在青年时期，城镇居民的食品边际消费倾向低于农村居民，进入中老年后，城镇居民被农村居民反超。衣着消费的年龄性别特征都非常明显，中青年人口的边际消费倾向很高，少儿人口较低，老年人口最低；女性的衣着消费倾向普遍高于男性；城镇居民的衣着消费倾向普遍高于农村居民。居住消费的年龄别特征不明显，总体上呈现 10 多岁、30 岁左右、50 多岁三个高峰期，这与相应年龄段家庭因婚嫁等原因装修新房等有密切联系；性别特征表现为"女高男低"，城镇女性明显高于男性，而农村女性高于男性的特征在 40 岁后并不那么明显，这与女性更多居家操持家务、中年后农村男性居家时间大于城镇男性的社会事实有一定关系。家庭设备及日用品消费呈现出中青年人口高、少儿及老年人口低的年龄别特征，城镇男性明显高于女性，而农村女性总体上高于男性，具体原因还有待考察。医疗保健消费具有独特的年龄性别特征，年龄别曲线呈现 J 型，即中青年低、幼儿较高、老年人口最高；总体上，女性高于男性，城镇高于农村，但农村女性在 25～50 岁却高于城镇女性，这可能与该年龄段农村女性健康状况相对不佳有关。交通通信消费的年龄别特征非常明显，与衣着消费一样，呈现典型的生命周期"倒 U 型"；但性别特征不明显，在不同年龄段"时而男高，时而女高"；分城乡来看，在 30 岁以前，城镇略高于农村，但 30 岁以后，农村明显高于城镇。文教娱乐消费在生命周期内，呈现两个高峰，分别为 5~19 岁、35~49 岁，分别对应着人生的本人求学阶段和子女求学阶段，这也同时说明教育投入在其中占有很大的比重；在第一个高峰，城镇明显高于农村，说明城镇居民更重视子女教育、教育成本也相对较高；在第二个高峰，女性明显高于男性，说明女性更重视子女教育、边际消费倾向相对较高。值得注意的是，上述分析的各类边际消费倾向在城乡、年龄性别之间的差异是基于收入、价格保持不变情况下的结果，即年龄性别的净效应，部分与一般日常感受不同，但却是用于模型预测的重要参数。

将居民消费模型参数估计的结果纳入户均间接碳排放模型，计算得到 2010 年和 2012 年全国城镇居民的户均间接碳排放量分别为 11.0 吨、10.8 吨，农村居民的户均间接碳排放量分别为 3.1 吨、3.8 吨。上述的模型估计值与实际值之间的差异在 −3.0%~−1.2%。可见，模型的参数用于预测估计的效果较好。

6.3　居民直接能源消费模型与户均直接碳排放模型的结果分析

利用构建的居民直接能源消费模型对城镇样本和农村样本分别进行参数估计和模型检验，发现各项检验结果与分析间接碳排放时采用的居民消费模型相同：Hausman 检验拒绝随机效应假设，Pesaran's 检验表明组间具有相关性，Modified Wald 检验表明存在群组异方差，Wooldridge 检验表明存在组内序列相关性。因此，同样采用固定效应模型，并利用面板修正的标准差估计（PCSE）来处理固定效应模型。由于直接能源消费总量方程及各类直接能源消费量方程的随机误差项之间存在相关性，故也使用 SUR（Seemingly unrelated regression）系统估计方法。

回归模型的结果显示（详见附表3、附表4），除农村居民天然气消费模型外，分城乡的直接能源消费总量模型和其余各类分项模型均通过了显著性水平为 0.0001 的卡方检验。由于农村居民天然气消费的样本量较少，模型仅通过了显著性水平为 0.53 的卡方检验。模型总体的拟合水平较高，除农村居民天然气消费模型的拟合优度为 0.28、城镇居民煤品消费模型的拟合优度为 0.60、农村居民天然气消费模型的拟合优度为 0.62 外，其余模型的拟合优度都在 0.80 以上。人均收入在城乡总模型中均通过高水平的显著性检验，年龄性别组变量的显著性在各类消费模型中有不同的表现。城乡直接能源消费总量模型的变量显著性水平均为最高，34 个年龄性别组变量中都有 28 个通过显著性水平为 0.05 的 t 检验。各分类消费模型中，农村煤品消费模型的变量显著性水平最高，有 27 个年龄性别组变量显著；城镇和农村天然气消费模型的变量显著性水平相对最低，均有 19 个年龄性别组变量显著。总体而言，模型中的变量表现出较好的显著性水平。

从回归模型中人均收入自然对数及其二项式自然对数的回归系数可以分析发现：在城镇居民人均收入增长至 6280 元之前，人均收入对人均直接能源消费总量一直都将具有显著的正向推动效应，随着人均收入的继续增长，其对人均直接能源消费总量的影响将由正转负；农村居民人均收入的影响也表现出基本相同的特征，但其拐点来得相对早一些，即人均收入达到 2622 元时。这意味着，在家庭户的城镇化过程中，随着收入水平的提高，收入弹性将会表现出先增后减的变化。目前，全国城乡居民人均收入都已越过拐点。因此，分析将主要集中于拐点过后的趋势。各类分项模型显示，人均直接能源消费总量对除煤品以外各类能源消费量影响的弹性系数都为正数，对煤品消费影响的弹性系数则为负数；其中，对电力消费影响的弹性系数最大。当人均直接能源消费总量增加1%时，城乡煤品消费量分别减少1.7%和1.1%，城乡电力消费量分别增加7.8%和7.9%。将总消费模型与分项消费模型综合来看，当前和未来城乡煤品消费的收入弹性为负，其余能源消费的收入弹性都为正；油品、天然气、热力和电力的收入弹性都较大，生物质能源的收入弹性较小，呈现出一定程度的收入刚性。这说明，未来随着收入水平的提高，城乡煤品消费量将趋于减少，其余商品能源消费量都将出现增长，生物质能源的消费量将保持微增长态势。

在控制收入的情况下，城乡各年龄性别组人口的边际直接能源消费倾向存在较为明显的异质性。煤及煤制品消费总体上呈现"两头低、中间高"的年龄别特征，但规律并不十分明显，在生命周期内变动幅度很小；煤及煤制品"男高女低"的性别特征非常明显，无论城镇还是农村，男性的边际消费倾向都高于女性；在所有年龄段，城镇居民的煤及煤制品边际消费倾向均低于农村居民。油品消费的年龄性别特征都非常明显，中青年人口的边际消费倾向很高，少儿人口较低，老年人口最低；男性的油品消费倾向普遍高于女性；城镇居民的油品消费倾向普遍高于农村居民。液化石油气消费和天然气消费的年龄别特征不明显，总体上呈现30岁左右、50多岁两个高峰期，性别特征表现为"女高男低"，这与女性更多承担家庭炊事有一定关系。城镇热力消费与医疗保健消费有所类似，具有独特的年龄性别特征，年龄别曲线呈现J型，即中青年低、幼儿较高、老年人口最高；总体上，女性高于男性，这与老人、幼儿和女性相对更需要取暖保障有关系。电力消费呈现"倒U型"的年龄别模式和"女高男低"的性别模式，即中青年人口消费量高，少儿及老年人口消费量低，各年龄段的女性普遍比男性消费量高，25～34岁的女性人口消费量为最高。农村沼气、秸秆和薪柴消费呈现相同的生命周期表现，即少儿人口和青年人口的边际消费倾向最低，中年人口的边际消费倾向最高，老年人口次之；相对而言，沼气消费的峰值年龄早一些，而秸秆和薪柴消费的峰值年龄晚一些；性别特征都不明显，在不同年龄段"时而男高，时而女高"。

将居民直接能源消费模型参数估计的结果纳入户均直接碳排放模型，计算得到 2000 年、2005 年和 2010 年全国城镇居民的户均直接能源消费碳排放量分别为 1.3 吨、1.6 吨和 1.8 吨，农村居民的户均直接能源消费碳排放量分别为 3.3 吨、4.5 吨和 5.7 吨；除去电力和热力消费碳排放后，三年的城镇居民户均直接碳排放规模分别为 0.6 吨、0.5 吨和 0.5 吨，农村居民户均直接碳排放规模分别为 3.1 吨、4.0 吨和 4.8 吨。上述的模型估计值与实际值之间的差异在 −7.5% ~ −1.8% 之间。可见，模型的参数用于预测估计的效果较好。

6.4 本 章 小 结

本章通过在经典的需求和消费函数的基础上扩展构建包括年龄性别变量的计量模型，分析城乡家庭户的人口年龄性别结构、收入及消费对居民生活碳排放的影响机理，主要发现如下：

（1）城乡家庭户的人口年龄性别结构通过对居民八大类消费规模与结构、直接能源消费规模与结构的影响而间接传递影响居民直接和间接碳排放。总体上，中青年人在衣着、居住、家庭设备及用品、交通通信、文教娱乐消费及各项直接能源消费中表现出最强的边际消费倾向；老年人在医保保健消费中表现出最强的边际消费倾向；食品消费表现出鲜明的刚需特征，各年龄段的边际消费倾向较为接近，少儿人口和老年人口相对较高。城镇和农村的上述年龄别消费模式较为接近、大同小异，性别模式则较为复杂。在未来城乡人口老龄化的共同趋势下，即使收入等其他因素保持不变，居民八大类消费的规模与结构、直接能源消费的规模与结构也会发生明显的变化，从而影响户均生活碳排放量。

（2）在当前及未来城乡居民人均收入的增长区间内，人均收入增长对居民消费规模增长、直接能源消费规模增长具有正向的促进作用。其中，城镇居民消费规模增长的收入弹性大于农村居民，而农村居民直接能源消费规模增长的收入弹性大于城镇居民。城乡居民生存型消费的收入弹性普遍小于发展型消费。除煤及煤制品消费的收入弹性为负数以外，其余所有各项直接能源消费和居民八大类消费的收入弹性都为正数。当考虑价格因素时，发展型消费对价格相对敏感，生存型消费相对不敏感。因此，毋庸置疑，居民收入水平提高对生活碳排放具有显著的促进作用。

（3）从模型的拟合水平、变量显著性水平及模型估计值与实际值的吻合度检验来看，模型基本可靠，其参数用于预测估计的效果较好，可以运行系统仿真和情景分析方法来定量考察未来人口与家庭户变动对居民消费规模与结构、直接能源消费规模与结构、生活碳排放的可能影响。

第 7 章

人口城镇化进程中的城乡家庭户预测分析

前述章节已构建城乡家庭户数变动的理论模型，并分析其中的五大贡献因素：城乡人口迁移、区划调整、人口自然增长、集体户人口与家庭户人口的流动转换、平均家庭户规模的变化。城乡人口迁移和区划调整是未来人口城镇化的最重要来源，共同构成广义的"迁移"要素。城乡人口自然增长由"生育"要素和"死亡"要素共同决定，其城乡差异也是城镇化的天然来源。城乡平均家庭户规模由城乡人口年龄性别结构和分家立户倾向共同决定，两者都在随着人口城镇化而发生变化。集体户人口与家庭户人口的流动转换的影响因素纷繁复杂，在城镇化的进程中没有普遍规律可循，故本书对未来城乡家庭户数的预测主要考虑其他四大贡献因素的变动。

预测未来城乡家庭户数不仅是未来居民直接和间接能源消费需求分析的基础，而且能为城镇化进程中的人口—环境关系理论研究做出贡献，同时还能为各种政府在人口、社会、经济、城市与环境等领域的发展规划提供科学依据。本书采用扩展的户主率预测模型，在人口预测结果的基础上，假定在户主率不变或呈现某种变化的情况下，预测未来城乡家庭户的数量。

7.1 预测方法与数据来源

7.1.1 户主率预测模型及其改进

户主率方法是人口学界用来预测家庭户变动最经典的方法。在人口普查或者入户调查中，一般都能识别出一个家庭户的户主或者家中主事者。通过计算每个年龄性别组人口中户主的比例，可以得到分年龄性别的户主率。对未来家庭户的预测正是通过分年龄性别的户主率与未来分年龄性别人口的预测结果相乘再累加所实现的。尽管该方法被广泛使用，但仍然存在着一些缺陷：一是，调查中户主的确定存在问题，在多数情况下，往往是回答或填写调查问卷的人便被作为户主（Murphy，1991）；二是，户主率与人口学事件率之间没有确定的联系，这造成很难预测人口学事件率的变化对家庭户的影响（Mason and Racelis，1992）；三是，简单地将所有非户主的家庭户成员归为"非户主"（non-heads），这使得无法分析老年人口、少儿人口等非户主成员在家庭户中的生命历程（Burch，1989）；四是，预测结果包含的信息非常有限，如当年在美国非常权威的一个预测也仅仅包括按户主年龄划分的五类家庭户，而没有包含家庭户规模的预测结果。

随着 Profamy 模型和 LIPRO 模型等宏观预测方法、SOCSIM 和 CAMSIM 等微观仿真方法在学界不断被提出、改进、应用和推广，在研究家庭结构、亲属关系等非常需要专业、精准的家庭人口预测结果时，户主率方法逐渐被这些模型所取代。但这些模型也存在各自的内在局限性，且技术实现难度大、所需基础数据量大，故在特、精、尖以外的公共学术领域内很难得以应用。由于对数据的要求少，户主率模型仍是目前最普遍采用的家庭户预测方法。

家庭户规模小型化给节能减排、应对环境与气候变化、实现可持续发展目标带来的巨大挑战已越来越被学界和其他各方所认识到。因此，本研究所需的家庭户预测不仅要求包含家庭户数量，还要求包含家庭户规模结构，即各类规模的家庭户数量及其占总户数的比例。传统户主率模型的缺陷使其无法实现这一要求。蒋耒文（Jiang，2002）提出的分家庭户规模户主率的家庭户预测模型和蒋耒文和奥尼尔（Jiang and O'Neill，2004）提出的户主率变动预测模型，不但实现了包含家庭户规模结构的家庭户预测，还在一定程度上对传统户主率模型的各方面缺陷进行了改进。

本书在上述扩展的户主率家庭户预测模型的基础上，进一步包含城乡居住地属性、性别因素，构建多维户主率家庭户预测模型，即分城乡、分家庭户规模、分年龄性别的户主率家庭户预测模型。公式表述如下：

$$H = \sum_y \sum_x \sum_i \sum_j (P_{ijy} \times h_{ijxy}) \tag{7.1}$$

式中，H 表示家庭户数；

y 表示城乡居住地属性；

x 表示家庭户规模；

i 表示年龄；

j 表示性别；

P_{ijy} 表示分城乡、分年龄性别的人口数；

h_{ijxy} 表示分城乡、分家庭户规模、分年龄性别的户主率（以下简称"多维户主率"）。

7.1.2　多维户主率数据

因 2010 年"六普"的微观数据尚未公开，中国家庭动态跟踪调查数据（CFPS）就成为计算和分析当前我国多维户主率的最佳选择。中国家庭动态跟踪调查在收集家庭户全部成员年龄、性别等个人信息的基础上，又收集了家中主事者的户内编号信息。这样确定的户主将非常明确，不存在其它社会调查中户主不明确的问题。理论上，2010 年和 2012 年短短两年间的户主率应该相对保持稳定，不会有大的变化。但 2012 年追踪调查时有小部分家庭户样本流失，如果用 2012 年的数据计算户主率，或用两年纵贯数据计算户主率，都会存在流失样本的选择性偏误问题。因此，选择用 2010 年基线调查的样本数据计算户主率。

特别值得注意的是，CFPS 调查的家庭户成员既包括现居住在该户的人口（含直系亲属、居住满 3 个月的非直系亲属和居住满 6 个月的其他成员），也包括该家庭直系亲属中常年居住在外（过去 1 年在家居住不满 3 个月）的人口。该统计口径主要以实际居住和家庭户的收入及支出联系为标准，明显大于一般常住人口统计口径（过去 1 年居住满 6 个月），这就使得 CFPS2010 年家庭户样本的平均规模为 3.86 人，显著大于"六普"数据的 3.10 人/户。由于总户主率是家庭户规模的倒数，如此计算得到的多维户主率也会相应地小于根据普查数据计算得到的率值。用于户主率家庭户预测模型，便会得到相对偏小的家庭户数预测值。考虑到忽略集体户人口反而会中和预测值偏小的结果，且 CFPS 的住户人口统计口径比一般常住人口统计口径更适合用于反映以户为单位的实际消费现象，笔者认为 CFPS 数据用于本书是相对合理的。

首先，将包含家中主事者户内编号、家庭户城乡居住地属性、家庭户规模的家庭经济库数据与包含家庭户成员年龄、性别的家庭成员关系库数据进行合并，识别出户主的年龄、性别，并构建含有城乡居住地属性、家庭户规模、户主年龄和性别的多维数据集；其次，将家庭成员关系库与家庭户的城乡居住地属性建立联系，计算分城乡、分5岁年龄组、分性别的人口数，剔除所有缺失值样本后，纳入计算的为56513人；再次，计算分城乡、分5岁年龄组、分性别的户主人数，剔除所有缺失值样本后，纳入计算的为14783人，以户主人数除以相应的人口数，即为该组别的户主率；最后，按家庭户规模大小分为1人户、2人户、3人户、4人户、5人户、6人及以上户，分别计算各类家庭户分城乡、分5岁年龄组、分性别的户主人数，再除以相应的人口数，即可得到预测所需的多维户主率数据集。

7.1.3 人口预测数据

本书采用杨明旭（2016）的人口预测数据，该预测基于队列要素方法，首先，对人口普查的低龄人口数、年龄别死亡率、总和生育率等基础人口数据进行合理化修正，然后，将预测模型中的各项参数设定如下：

（1）考虑到"全面二孩"政策和发达国家的经验，将总和生育率以2030年为节点，设置为先升后降的变动模式，当前至2030年逐年增至2.05，随后逐年下降。

（2）对1997～2013年育龄妇女年龄别生育率做0～1标准化处理后求出其平均值，在预测值中设置随机过程，即从1997～2013年的标准化生育率及其平均值中随机抽取每一年度的生育模式，其中平均值的权重为50%。

（3）利用 LEE – CARTER – MY 模型预测得到2011～2100年分城乡、年龄、性别的人口死亡率，并据此计算期望寿命。未来90年中，男性平均每十年提升1.89岁，女性平均每十年提升1.56岁。

（4）将未来人口城镇化水平的变动设定为2050年达到峰值72.5%，并据此计算人口城乡迁移的规模。年龄别迁移模式根据2013年全国流动人口调查的微观数据计算，并通过曲线拟合、滤波平滑得到。

（5）国际迁移依照联合国评估的数据，设定为人口净迁出率为每年万分之二。

最后，将预测模型运行100次，得到未来人口变动的区间范围。总体上，该预测的未来总人口高于联合国2015年的预测。就总人口预测的中值数据来看，2028年越过14.5亿人，进入长达20年平稳变动的峰值区间；2041年左右达到峰值人口14.58亿人；2048年之前一直保持在14.5亿人以上。

本书选取其中的三组预测数据，分别为2030年人口城镇化水平中值（65.6%）、最高值（66.2%）和最低值（64.5%）所对应的2016～2050年分城乡、分年龄、分性别的人口预测数据。三组预测数据反映的变动趋势相同，数值的高低区别也很小。在人口城镇水平中值情境下，总人口峰值为14.58亿人（2041年），城镇人口峰值为10.28亿人（2047年），农村人口持续减少至2050年的4.13亿人，人口城镇化水平在2043年超过70%；人口城镇化的最高值情境比中值情境的总人口峰值高约900万人，城镇人口峰值高约2000万人，2050年的农村人口少约700万人，人口城镇化水平在2041年超过70%；最低值情境比中值情景的总人口情景高约80万人，城镇人口峰值低约300万人，2050年的农村人口多约800万人，人口城镇化水平在2046年超过70%（见图7.1和图7.2）。

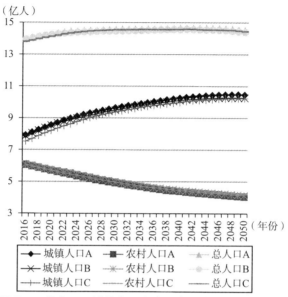

图 7.1　总人口、城镇人口和农村人口的预测变动趋势

注：A 表示 2030 年人口城镇化水平最高值对应的预测情境，B 表示 2030 年人口城镇化水平中值对应的预测情境，C 表示 2030 年人口城镇化水平最低值对应的预测情境。

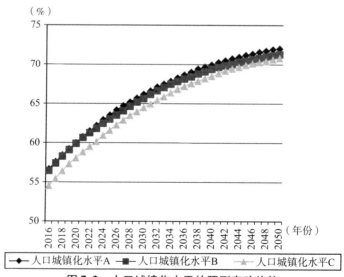

图 7.2　人口城镇化水平的预测变动趋势

　　注：同图 7.1。

7.2　多维户主率计算结果分析

7.2.1　不分家庭户规模的分析

如图7.3所示，总人口的年龄别户主率曲线呈现"先升后降"的变动规律。0~14岁的少儿人口一般都与长辈一起居住、家中由长辈主事，成为户主的情况极少，户主率也极低。15~19岁时，虽外出求学工作者增多，但多数进入集体户中，单独立户并担任户主的仍然很少，户主率仅为0.3%。20岁开始步入婚育年龄，结婚生子后小家庭独立居住、接替长辈成为户主的情况逐渐增多，户主率随着年龄增长

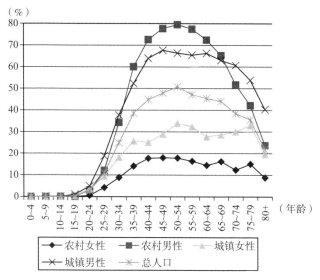

图 7.3　年龄性别户主率曲线

一路上升，从 20～24 岁的 2.8% 迅速提升为 35～39 岁的 38.6%。40 岁开始，户主率提高速度明显变慢，于 50～54 岁达到峰值 50.7%，这主要是由于 50 岁左右子女逐渐成家立业，开始交由子女在家中主事。55 岁以后，户主率趋于下降，但下降速度较为缓慢，70 岁之前保持在 40% 以上，80 岁之间仍保持在 35% 以上，80 岁及以上年龄组的户主率为 21.7%。老年阶段的户主率仍保持着不低的水平，主要是由于老年人口与子女分开居住或独居的情况较多。

将通过 CFPS 数据计算得到的 2010 年年龄性别户主率与通过人口普查原始数据的 1‰抽样数据计算得到的 2000 年年龄性别户主率（杨胜慧，2013）对比，可以看出：两者都呈现"先升后降"的变动规律，峰值都是略高于 50%，但 2000 年的率值在各年龄段都普遍高于 2010 年，保持在高峰水平的年龄跨度也是 2000 年时更长。这一方面是由于不同来源数据的不同口径所致（前文已述及），另一方面是由于人口城镇化、城市房价高企、婚育年龄推迟等原因使得分家立户倾向减弱，进而导致集体户人口比重提高和"代际共居"现象的反弹。

从城乡、从性别来看，各组别人群的年龄性别户主率总体上都呈现"先升后降"的规律，但率值高低有明显差别，在成年之后逐渐开始分化。不管城镇或者农村，各年龄段男性的户主率都高于女性，两性差异在 40～59 岁的中年阶段达到最大。男性户主率的城乡差异有着明显的年龄别特征，随着年龄的增长处于动态变化之中。在成年至 35 岁之前，城镇男性的户主率略高于农村男性；35～69 岁时，农村男性的户主率高于城镇男性；70 岁及以后，城镇男性的户主率又开始超过农村男性。女性户主率的城乡差异不具有明显的年龄别特征，城镇女性的户主率在各年龄段都高于农村女性。可见，在家庭主事方面，城镇比农村更具性别平等性；城镇居民在青年阶段离开父母居住和老年阶段离开子女居住的比例高于农村居民。在人口和家庭户的城镇化进程中，将有越来越多的人口"走入"城镇的年龄性别户主率模式，这深刻影响着未来家庭户数的变动。

7.2.2　分家庭户规模的分析

总体上，城镇三人及以下户的户主率高于农村，而农村四人及以上户的户主率高于城镇。由于一人户中唯一的家庭户成员便是户主，一人户的户主率便是单人居住的发生概率，在所有家庭户规模类型中是最低的，其城乡、年龄、性别特征也都比较特别。年龄别率曲线呈现不规则的"J"型，老年人口最高，青年人口略高于中年人口，在20～39岁有个小高峰，在55岁后突然升高，在75岁后达到峰值。城镇男性在20～39岁的小高峰最为明显，户主率最高，持续的年龄跨度最长。40岁以后，城镇女性的率值上升最快，农村男性的率值升幅次之，两者都迅速超过了城镇男性的水平。农村女性的率值一直最低，在55岁后也上升较快，并逐渐接近城镇男性的水平。可见，一人户主要见于老年人口，以城镇女性的发生概率为最高，其次为农村男性、城镇男性和农村女性；另有一部分见于青年人口，以城镇男性的发生概率为最高，其次为城镇女性和农村男性，农村女性在青年时期单人居住的概率很小（见图7.4）。

二人户主要是夫妻二人共同居住的情况，存在于结婚或同居至孩子出生之前、孩子离家之后等人生阶段。由于第一个可能发生的阶段往往维系时间较短，表现得不明显，第二个可能发生的阶段往往持续很长的岁月，表现得很明显，年龄性别户主率曲线的基本特征为随年龄增长而上升，直致高龄阶段才下降（见图7.5）。20～59岁为缓慢上升，50岁开始迅猛上升，至75岁开始才出现下降。分城乡、性别来看，城镇男性的率值在各年龄段都是最高的，并且在20～34岁（第

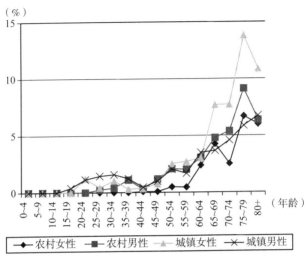

图7.4 一人户的年龄性别户主率曲线

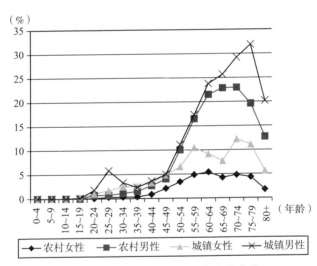

图7.5 二人户的年龄性别户主率曲线

一个可能发生的阶段）出现一个小高峰；50 岁之前，城镇女性的率值排在第二位，并与城镇男性的水平非常接近；从 50 岁开始，农村男性的率值超过城镇女性的水平，并在 50～59 岁与城镇男性的水平非常接近；农村女性的率值一直最低，变动很缓慢，于 60 ~ 64 岁达到其峰值后，便呈波动式下降。可见，二人户主要见于中老年人口，户主以城镇男性和农村男性为主；另有一部分青年户主的二人户，户主以城镇男性为主，其次为城镇女性。

三人户主要是三口之家共同居住、子女离家后两夫妻带一老人居住的情况，是城镇最主要的家庭户规模类型。其户主率表现出非常明显的年龄性别特征，即"先升后降"的规律，年龄别率曲线呈较为规则的正态分布曲线（见图 7.6），在 35 ~ 54 岁处于高峰。分城乡、性别来看，城镇男性的率值在各年龄段都是最高的，在 35 ~ 54 岁的高峰期一直保持在 20% 以上；40 岁之前，城镇女性的率值排在第二位，峰值出现在 35 ~ 39 岁，接近 15%；40 岁以后，农村男性的率值排在第二位，峰值出现在 45 ~ 49 岁，略高于 15%；农村女性的率值一直最低，即使其峰值也不足 5%。可见，三人户的户主主要见于中年人口，以城镇男性为主，其次为农村男性和城镇女性，农村女性成为三人户户主的可能性较小。

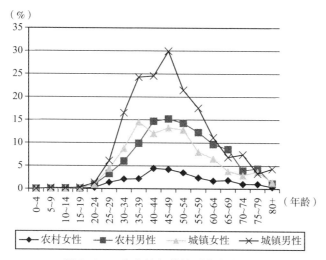

图 7.6　三人户的年龄性别户主率曲线

　　四人户一般包含多代成员，是农村最主要的家庭户规模类型，户主通常由上承父母、下启子女的中年人担任。其年龄性别户主率曲线类似于三人户的正态分布曲线，但高峰区域相对较窄（见图7.7）。分城乡、性别来看，农村男性的率值在65岁之前的所有年龄段都是最高的，在35～49岁的高峰期一直保持在20%以上；65岁之前，城镇男性的率值排在第二位，峰值出现在40～44岁，略高于20%，70岁之后又出现反弹并超过农村男性；除35～44岁外，城镇女性的率值排在第三位，峰值出现在40～44岁，为6.3%；农村女性在35～44岁的率值高于城镇女性，峰值也出现在40～44岁，为6.7%。可见，四人户的户主主要见于农村中年男性，其次为城镇中年男性，女性成为四人户户主的可能性较小。

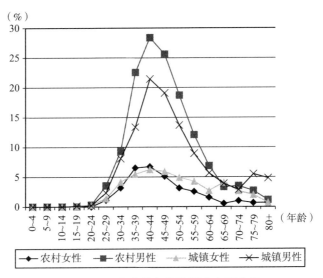

图7.7　四人户的年龄性别户主率曲线

　　五人户的组成比四人户更为复杂，一般也包含多代成员，户主通常也由中年人担任。其年龄性别户主率曲线与四人户相似，但率值水平低一些，高峰区域稍微宽一些，峰值年龄相对晚一些（见图7.8）。分城乡、性别来看，农村男性的率值在65岁之前的所有年龄段都是最高的，在35～59岁的高峰期一直保持在12%以上；65岁之前，城镇男性的率值排在第二位，峰值出现在55～59岁，为12%，70岁之后因下降相对较缓而超过农村男性；50岁之前，农村女性的率值排在第三位，50岁之后，城镇女性的率值便开始超过农村女性，两者的率值水平都很低。可见，五人户的户主主要见于接近老年的中年男性，农村多于城镇，女性成为五人户户主的可能性较小。

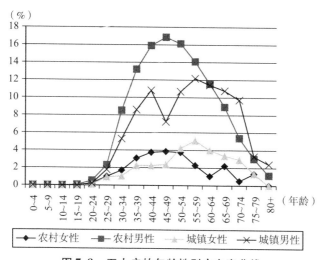

图7.8 五人户的年龄性别户主率曲线

六人及以上户是大家庭户的组合，由近60%的六人户、20%的七人户、10%的八人户和极少数的八人以上户组成，是非常特别的家庭户规模类型。其多代户的特征比四人户和五人户更为明显，故其年龄性别户主率的高峰区域来得更晚（见图7.9），在50～69岁。分城乡、性别来看，农村男性的率值在75岁之前都是最高的，在50～69岁的高峰期一直保持在15%以上；75岁之前，城镇男性的率值排在第二位，峰值出现在65~69岁的12%，75岁之后超过农村男性；农村女性的率值略高于城镇女性，峰值55~59岁，仅为4%；城镇女性的率值相对最低。可见，六人及以上户的户主主要见于接近老年的中年男性和60多岁的老年男性，农村多于城镇，女性成为六人及以上户户主的可能性较小。

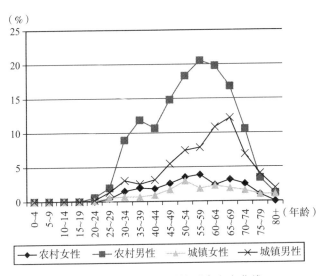

图7.9 六人户的年龄性别户主率曲线

7.3 城乡家庭户预测结果分析

7.3.1 城乡家庭户数变动

预测发现，虽然目前我国人口增速已极为放缓，距离峰值人口仅有约8000万人的增长空间，但家庭户的增长态势仍十分迅猛，预计未来将有8000万~9000万户的增量，即在现有基础上增长近20%。总体上，家庭户数的增长主要发生在2030年之前，2033年左右进入5.4亿户以上的峰值区间，此后增长放缓；于2041年左右达到约为5.46亿户的峰值，随后缓慢下降；在2047年之前一直保持在5.4亿户以上。

三组预测数据没有明显差异，在人口城镇化水平中值情境下，2030年的城镇家庭户、农村家庭户和家庭户总数分别为3.95亿户、1.41亿和5.36亿户，城镇家庭户于2045年达到峰值4.30亿户，家庭户总数于2041年迎来峰值5.46亿户；在人口城镇化水平最高值情境下，2030年的城镇家庭户、农村家庭户和家庭户总数分别为3.96亿户、1.40亿户和5.36亿户，城镇家庭户于2047年达到峰值4.34亿户，家庭户总数于2041年迎来峰值5.47亿户；在人口城镇化水平最低值情境下，2030年的城镇家庭户、农村家庭户和家庭户总数分别为3.84亿户、1.49亿户和5.33亿户，城镇家庭户于2045年达到峰值4.25亿户，家庭户总数于2043年达到峰值5.44亿户（见图7.10）。可见，未来人口城镇化水平预测结果的区间幅度较小，不同的人口城镇化水平变动趋势对城乡家庭户数变动没有本质影响，只是数量高低的不同。人口城镇化水平最高值情境的城镇家庭户和家庭户总数高于中值情境，农村家庭户数低于中值情境，而最低值情境正好相反，各项差异都不到千万。

预计未来家庭户城镇化的趋势仍将快于人口城镇化，在人口城镇化水平中值情境下，家庭户城镇化水平将在2030年达到73.7%、2050年达到79.4%，比相应年份的人口城镇化水平均高8.1个百分点。人口城镇化水平最高值情境下的家庭户城镇化水平在2030年和2050年分别比中值情境高0.1个百分点和0.5个百分点；相反地，最低值情境下的家庭户城镇化水平在2030年和2050年分别比中值情境低 1.6 个百分点和 0.5 个百分点。可见，无论人口城镇化水平在预测区间范围内如何变动，家庭户城镇化水平都将呈现比之更快的增长趋势，并将在 2050 年之前逐渐趋近于 80%，即全国将有近八成的家庭户居住在城镇（见图 7.10）。

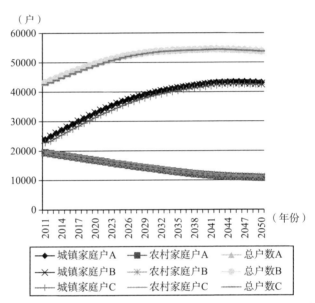

图 7.10　家庭户总数、城镇家庭户数和农村家庭户数的预测变动趋势

注：A 表示 2030 年人口城镇化水平最高值对应的预测情境，B 表示 2030 年人口城镇化水平中值对应的预测情境，C 表示 2030 年人口城镇化水平最低值对应的预测情境。

7.3.2　城乡平均家庭户规模变动

预测结果显示（见图 7.11），家庭户城镇化明显快于人口城镇化，这与未来城乡平均家庭户规模变动趋势分化——"城镇平均家庭户规模持续减小、农村平均家庭户规模反弹上升"密切相关。在人口城镇化水平中值情境下，城镇平均家庭户规模在 2030 年降至 2.40 人，

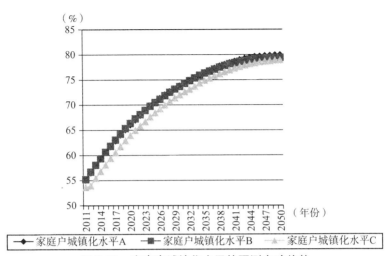

图 7.11　家庭户城镇化水平的预测变动趋势

　　注：A 表示 2030 年人口城镇化水平最高值对应的预测情境，B 表示 2030 年人口城镇化水平中值对应的预测情境，C 表示 2030 年人口城镇化水平最低值对应的预测情境。

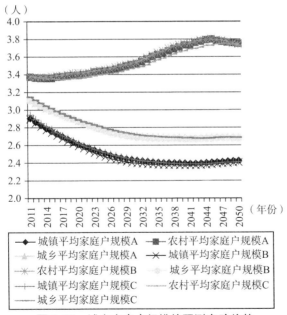

图 7.12　城乡家庭户规模的预测变动趋势

　　注：A 表示 2030 年人口城镇化水平最高值对应的预测情境，B 表示 2030 年人口城镇化水平中值对应的预测情境，C 表示 2030 年人口城镇化水平最低值对应的预测情境。

后又持续降至 2042 年的 2.37 人后才开始反弹；农村平均家庭户规模在近些年降至 3.35 人后触底反弹，于 2030 年升至 3.52 人后，又在 2045 年达到 3.80 人后出现下降；城乡平均家庭户规模主要受城镇平均家庭户规模变动的驱动影响，在 2030 年降至 2.70 人，后又持续降至 2042 年的 2.67 人后才开始反弹。不同人口城镇水平情境下的差异微乎其微，仅在毫厘之间。综上所述，未来家庭户规模小型化趋势在农村将止步反弹，城镇家庭户规模小型化趋势仍将持续至 2042 年左右，城镇平均家庭户规模的最低门槛值为 2.37 人，城乡平均家庭户规模的最低门槛值为 2.67 人（见图 7.12）。

7.3.3 分家庭户规模的家庭户数变动

从分家庭户规模来看，2011 ~ 2050 年家庭户数的增长几乎全部来源于一人户和二人户的增长。由于不同人口城镇化水平情境下的家庭户规模结构变动并无明显差异，图 7.13 仅呈现中值情境下分家庭户规模的家庭户数变动趋势。其中，一人户从约 2000 万户增长为约 5000 万户，二人户从不到 7500 万户增长为超过 14000 万户，其余类型的家庭户数都呈先微增后微减趋势、总体变动不大。2040 年之前，三人户是数量最多的家庭户规模类型；2040 年开始，二人户超越三人户，成为最主要的家庭户规模类型。上述变动趋势与下列原因有关：第一，随着人口与家庭户城镇化，小家化的居住倾向表现更为强烈；第二，随着人口老龄化，老人夫妇或单身老人独立居住的情况明显增多；第三，生育率长期下降、结婚年龄推迟、离婚率升高导致中青年人口个体独立居住或夫妻二人居住的比例大幅升高。

相比国家统计局公布的当前数据，本研究预测结果中一人户的数量明显较少，而其他规模类型的家庭户数量明显较多，原因在于 CF-

PS 数据对家庭户成员的定义不同。前文已述及，CFPS 所定义的家庭户成员更倾向于反映实际参与消费的人口。国家统计局所定义的一人户中很大一部分为独立居住、但在其亲属住处搭伙吃饭，CFPS 一般将其算作与亲属共同为一户。笔者认为虽然该预测结果与国家统计口径不同，但更能反映以户为单位消费的本质。

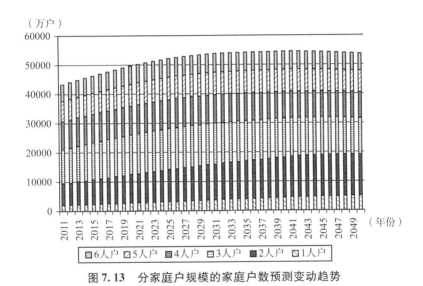

图 7.13　分家庭户规模的家庭户数预测变动趋势

7.4　本 章 小 结

本书在人口预测的基础上，运用多维户主率预测模型，预测得到了 2011～2050 年全国分城乡、分家庭户规模的家庭户数，并分析其在不同人口城镇化水平情景下的变动趋势，相关结论如下：

（1）我国人口与家庭户都将在 2030 年前后进入平稳变动的峰值区间，家庭户数量逐渐收敛，将为实现"2030 年碳排放达到峰值"

的目标提供非常有利的基础条件。虽然未来家庭户数将有 8000 万 ~ 9000 万户的增量，但增长主要集中在 2030 年之前，此后至 2041 年达到峰值期间增长将非常之缓。当然，届时全国超过 5.4 亿个家庭户仍将对节能减排造成巨大压力。如果技术进步和政策引导未能有效到位，上述实现减排目标的有利条件将会只是"空壳"。

（2）未来家庭户城镇化将明显快于人口城镇化，预计 2030 年将有超过七成的家庭户居住在城镇，这对于国家实现减排目标是巨大的挑战。2030 年，全国城镇人口将达近 10 亿人、家庭户数量将接近 4 亿户，并仍将继续增长一定数量直至 2040 年代。在城镇居民的消费水平明显高于农村居民、消费模式更为高碳化的情况下，家庭户城镇化对节能减排带来的不利因素甚至会"中和掉"家庭户数量逐渐收敛带来的有利因素。

（3）未来城乡家庭户规模变动趋势将出现分化，农村家庭户规模小型化将在近些年收敛反弹，但城镇家庭户规模小型化仍将继续。可喜的是，城镇家庭户规模小型化在 2030 年前后也将逐渐趋于收敛，平均家庭户规模将稳定在 2.67 左右。家庭户规模小型化，将在一定程度上给以户为单位的消费和用能带来"规模不经济"效应。因此，家庭户规模小型化的收敛将是实现国家减排目标的有利条件。

（4）不同人口城镇化水平情境下城乡家庭户变动趋势没有本质差异，但当人口城镇化较快时，家庭户城镇化也较快，相应年份的城镇家庭户数会更高，对节能减排的压力也会略大。

（5）由于本书计算多维户主率的来源数据 CFPS 对于家庭户成员的定义与国家统计局的口径不同，预测结果与其也会有明显差异。但本预测结果更能反映以户为单位消费的本质，适合用于居民生活碳排放的仿真分析。

第8章

家庭户城镇化影响下的未来居民
生活碳排放仿真分析

    未来25年，中国人口逐渐逼近峰值，是人口对资源环境的压力最为巨大的历史阶段。随着2041年人口峰值和家庭户峰值的同时到来，以及科技的不断进步，可持续发展领域面临的某些压力会趋于减小。但在人口和家庭户城镇化的影响下，城乡居民消费水平预计将不断提高，未来居民生活能源消费和碳排放的刚性需求必将对国家2030年碳减排目标的实现带来影响。因此，为了掌握上述影响的强度大小，需要进行系统仿真分析。

    在全书的研究框架下，家庭户城镇化通过四个维度的影响效应作用于居民生活能源消费和碳排放的变动，分别为城乡家庭户数效应、收入水平效应、消费强度效应和消费结构效应，后三者共同构成户均水平效应。这其中涉及到诸多有关人口与家庭户变动、居民收入与消费变动的因素，并且其相互之间关系交织。在忽略外界其他因素的理想状态下，可以构建一个边界清晰、结构明确的系统模型。模型内在的逻辑关系主要有三层：其一，在生命周期理论的指示下，收入与消费的水平、强度、结构和模式都受到人口年龄结构的显著影响；其二，人口年龄结构也是未来家庭户数变动的主要影响因素之一；其三，人口年龄结构又受到人口城镇化等人口变动因素的影响。

本章首先建立家庭户城镇化影响下未来居民生活能源消费和碳排放变动的系统仿真模型，明确系统边界和系统内部的逻辑结构关系，然后确定若干外生变量及其未来变动趋势，接着运行系统模型并进行仿真结果分析，最后分析未来不同城镇化水平情境下的居民生活能源消费和碳排放。

8.1 系统模型建立

本书进行"人口—家庭户—居民消费—碳排放"系统仿真的基本思路为从人口预测出发，在未来分城乡、分年龄性别组人口预测值的基础上，定量分析我国城乡家庭户数、居民消费的演化过程，并模拟居民生活直接和间接能源消费及碳排放的变动情景。模型整体由三个子模型构成，分别为人口和家庭户预测子模型、居民直接能源消费和碳排放子模型、居民间接能源消费和碳排放子模型。各子模型之间的联系通过处于系统边界变量的互动而发生。模型结构如图 8.1 所示。仿真的时间跨度设定为 2015~2050 年。

人口与家庭户预测子模型，即本书第 7 章的内容，在人口预测的基础上，建立拓展的户主率家庭户预测模型（多维户主率家庭户预测模型）。假设未来分家庭户规模、分城乡、分年龄性别的户主率保持不变，预测未来分城乡、分家庭户规模的家庭户数。子模型中的城乡分年龄性别组人口、家庭户数、平均家庭户规模是影响居民消费和碳排放的关键变量，在系统模型中构成与其他子模型关联互动的纽带。

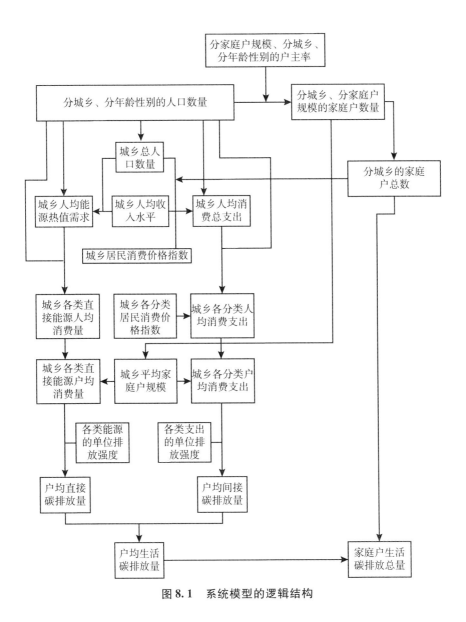

图8.1　系统模型的逻辑结构

居民间接能源消费和碳排放子模型，即在本书第 6 章户均间接碳排放模型的基础上建立的预测模型，模型的逻辑思路如下：第一步，根据未来分城乡、分年龄性别的人口数量预测值和城乡家庭户总数的预测值，确定未来平均每户的分年龄性别人口。第二步，将城乡人均收入水平、城乡居民消费价格指数、各类消费支出的单位碳排放强度作为外生变量，确定其未来的变动。第三步，在前两步的基础上，根据户均间接碳排放模型中居民总消费模型的参数估计结果，预测未来城乡居民人均消费总支出的变动。第四步，在第三步的基础上，根据户均间接碳排放模型中居民分项消费模型的参数估计结果，预测未来城乡居民各分类人均消费支出的变动。第五步，根据人口与家庭户预测子模型的预测结果，确定未来的平均家庭户规模，进而预测未来城乡居民各分类户均消费支出的变动。第六步，在第五步的基础上，根据各类支出的单位碳排放强度来预测各类支出引致的户均间接碳排放量，并加总得到总量。

居民直接能源消费和碳排放子模型，即在本书第 6 章户均直接碳排放模型的基础上建立的预测模型，模型的逻辑思路如居民间接能源消费和碳排放子模型基本类似。区别在于：其一，模型不包括价格外生变量；其二，表示排放强度的外生变量为各类能源的单位排放强度；其三，相对应的预测值分别为城乡人均能源热值需求、各类直接能源人均消费量、户均消费量、户均直接碳排放量。最后，将三个子模型整合为一个系统，后两个子模型为并列和累加的关系，人口与家庭户子模型与后两个子模型为乘法关系，最终得到家庭户生活碳排放总量的未来预测值。

除预测功能外，本书构建的系统模型还具有情景仿真的功能。应研究框架所需，分析不同城镇化进程和水平下未来居民生活能源消费和碳排放的变动差异。因为不同的城镇化进程和水平，将会影响到未来分城乡的家庭户数和分年龄性别组人口，这两者构成了仿真变动差异的最初来源。

8.2　外生变量确定

城乡人均收入水平变动趋势的假定考虑以下因素：其一，自 1978 年以来城乡居民人均收入年增长率与 GDP 年增长率的互动关系；其二，城乡居民人均收入差距不断缩小的事实；其三，"十三五" 规划确定 2020 年居民人均收入比 2010 年翻番的目标；其四，朱勤等（2011）假定的 GDP 年增长率在 2020 年之前保持在 7%，2021~2030 年逐步降为 4.5%，2031~2040 年逐步降为 2%，此后逐步趋近于 2050 年的 1%；其五，夸雷斯马（Cuaresma，2015）预测的 2010~2040 年全球中等收入国家人均收入年均增长率为 3.8%~5.2%；其六，国家信息中心课题组（2015）预测的 "十三五" 时期居民可支配收入名义增长率为年均 15.1%、GDP 名义增长率为年均 9.9%、GDP 平减指数为 2.5%。本研究最终假定的城乡居民人均收入的实际年增长率变动趋势如表所示。

城乡居民消费价格指数。居民消费价格指数是 200 多种商品和服务零售价格的加权平均变化值，权数每两年修正一次，以符合居民消费偏好的变化趋势。该指数是一个系统性指标，本身具有一定的滞后性，影响因素纷繁复杂，不适合用于中长期预测。因此，参照国家信息中心课题组（2015）的研究，假设未来城乡居民消费价格年均增长 2.5%，其中各分类消费价格指数按近 20 年来各自与总体指数的幅度关系，分别确定为食品价格年均增长 5%，衣着价格、居住商品和服务价格、医疗保健商品和服务价格年均增长 2%，家用设备及维修服务价格年均增长 1%，交通和通信价格、娱乐教育文化用品及服务价格年均增长 0.5%，城乡保持相同的增长速度。

各类能源的碳排放系数，采用与本书第四章相同来源的数据。原煤、焦炭、汽油、柴油、液化石油气、天然气的碳排放系数采用国家发改委（2011）提出的数据，薪柴、秸秆和沼气的碳排放系数采用陈艳、朱雅丽（2011）和王长波等（2011）使用的数据，假设这些化石能源和生物质能源的碳排放系数在未来保持不变。由于电力行业和热力行业的能源结构正逐步优化，未来电力和热力的碳排放系数会有继续下降的趋势。据彭博新能源财经（2013）的预测，燃煤发电装机份额将从 2012 年的 67% 下降到 2030 年的 44%，天然气发电比重将明显上升。据本书第 4 章的计算，电力碳排放系数已从 1990 年的高于 0.95t（CO_2）/MHh 下降为当前的约 0.7t（CO_2）/MHh，在 25 年间下降了近 25%。预计未来的下降速度会更快，假定每年下降 0.01t（CO_2）/MHh。热力的能源结构也将随着电力发热和天然气发热逐渐取代燃煤发热，热力碳排放系数预计也将不断降低。本书假定的电力和热力碳排放系数变动趋势如表 8.1 所示。

各类消费支出的碳排放强度变动趋势的假定参考以下因素：其一，"二氧化碳排放 2030 年左右达到峰值并争取尽早达峰，单位国内生产总值的二氧化碳排放量较 2005 年下降 60%~65%，非化石能源比重提升至 20% 左右"等减排目标的需求；其二，朱勤等（2011）假定能源强度以每年平均 3% 左右的下降幅度持续降低，下降幅度由大到小，从 2008 年的 3.5% 开始逐步下降至 2050 年的 0.5%，2010~2020 年能源强度的年均降低率在 3% 以上。计算后发现，为实现降低碳排放强度的战略目标，当前至 2030 年需每年平均下降 3.3%。因此，假定单位 GDP 碳排放强度下降率在 2020 年保持在年均 3.5%，2021~2030 年为 3%，随后逐渐下降至 2050 年的 0.5%。假设各类消费支出的碳排放强度也按照相同的速度下降。当然，伦敦政治经济学院格兰瑟姆研究所和中国社科院世界经济与政策研究所都认为碳排放强度将下降得更快，林伯强和李江龙（2015）也认为通过环境治理的努力，二氧化碳能够提前达到峰值。假若如此，碳排放目标将能提前实现（见表8.1）。

表8.1 外生变量的变动趋势假定

时间	城镇居民人均可支配收入年均增长率（％）	农村居民人均纯收入年均增长率（％）	碳排放强度年均下降率（％）	电力排放系数 t(CO_2)/MHh	热力排放系数 t(CO_2)/GJ
2016～2020年	11	14	3.5	0.65	0.11
2021～2025年	8	10	3	0.6	0.10
2026～2030年	6	8	3	0.55	0.10
2031～2035年	4	6	2.5	0.5	0.09
2036～2040年	2	4	2	0.45	0.09
2041～2045年	1.5	2	1	0.4	0.08
2046～2050年	1	1	0.5	0.35	0.08

8.3 仿真结果分析

8.3.1 直接能源消费碳排放的结果分析

仿真结果显示，2016～2050年城乡居民直接能源消费碳排放量均呈"先升后降"的变动态势,城乡总量也在仿真时期内出现了峰值。在三个人口城镇化水平情境下,城镇居民直接能源消费碳排放峰值均出现在 2037 年或 2038 年(见图 8.2),规模为略高于 11 亿吨;农村居民直接能源消费碳排放峰值均出现在 2022 年,规模为 11 亿吨左右;城乡总量峰值均出现在 2035 年,规模为 21 亿吨左右。城镇化水平最高值情境下的城乡总量峰值比最低值情境大约低 0.1 亿吨,中值情境正好居中。虽然 2030 年之前城乡总量的峰值尚未到来,但 2030年的排放量已进入增长放缓的峰值区间。

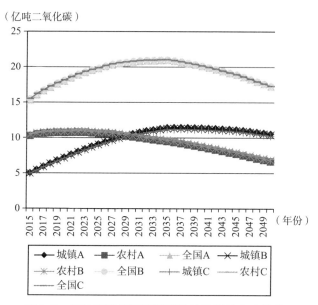

图 8.2 居民直接能源消费碳排放规模的变动趋势

注:A 表示 2030 年人口城镇化水平最高值对应的预测情境,B 表示 2030 年人口城镇化水平中值对应的预测情境,C 表示 2030 年人口城镇化水平最低值对应的预测情境。

城镇居民直接能源消费碳排放来源中,油类碳排放量增长最为明显,煤炭和液化石油气的碳排放量减少最为明显。具体而言,电力和热力碳排放量均呈先升后降的变动态势,油类碳排放量一直上升,煤炭和液化石油气碳排放量一直下降，天然气碳排放量一直上升、但规模极小。城镇居民的电力和热力消费量迅猛增长，但电力和热力的单位碳排放系数下降更为显著，电力碳排放比重反而从 2015 年的约 60% 一路下降为 2050 年的约 44%，热力碳排放比重也较期初下降超过 3 个百分点。由于居民私家车出行的用油需求持续增长，油类碳排放比重从约 13% 增长为约 45%，已成为城镇居民直接能源消费碳排放的首要来源。煤炭和液化石油气的消费逐渐被清洁能源所替代，预计 2030 年两者的排放比重合计将小于 1%。天然气的消费量迅猛增长，但排放量很低，几乎可忽略不计（见图 8.3）。

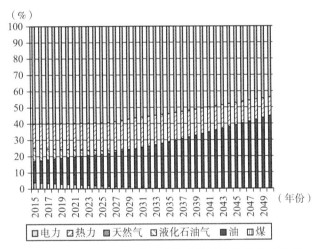

图 8.3　城镇居民直接能源消费碳排放结构的变动趋势

农村居民直接能源消费碳排放来源中，油类碳排放量增长最为明显，其次为电力碳排放量。秸秆和薪柴碳排放量减少最为明显，其次为煤炭和液化天然气。具体而言，电力碳排放量先升后降，在 2045 年达到峰值，油类碳排放量一直上升，煤炭、液化石油气、秸秆和薪柴的碳排放量一直下降。油类碳排放比重从约 13% 上升为约 51%，成为农村居民直接能源消费碳排放的首要来源。电力碳排放比重从16%上升为44%，成为第二大来源。原先的主要来源——秸秆和薪柴的排放比重显著降低，两者从超过50%下降为5%。煤炭和液化石油气都从接近10%下降为不到1%。沼气和天然气一样，消费量增长明显，但排放量很低，几乎可忽略不计（见图8.4）。

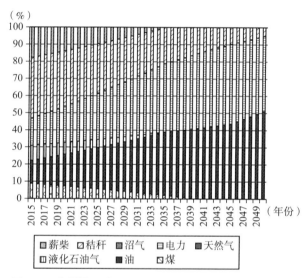

图8.4 农村居民直接能源消费碳排放结构的变动趋势

8.3.2 间接能源消费碳排放的结果分析

仿真结果显示，2016～2050年城乡居民间能源消费碳排放量均呈"先升后降"的变动态势，城乡总量也在仿真时期内出现了峰值。在三个人口城镇化水平情境下，城镇居民直接能源消费碳排放峰值均出现在2031年或2032年，规模为42.0亿～44.5亿吨；农村居民直接能源消费碳排放峰值均出现在2017年或2018年，规模为7.5亿～7.8亿吨；城乡总量峰值均出现在2030年或2031年，规模为48.6亿～50.7亿

吨。城镇化水平最高值情境下的城乡总量峰值比最低值情境大约高
2.1亿吨，中值情境正好居中。可见，农村居民间接能源消费碳排放
在未来三年内即将由升转降，城镇居民间接能源消费碳排放量和城乡
排放总量都将在2030年左右达到峰值。

根据预测，未来城镇居民间接能源消费碳排放的来源中，医疗保
健消费的碳排放量增长最为明显，其次为文教娱乐消费和交通通信消
费。医疗保健消费成为其首要来源，食品消费和居住消费的重要性相
对降低，前者的排放比重从15%增长为23%，后两者的排放比重分
别从21%和23%降为19%和18%。交通通信消费和文教娱乐消费的
排放比重也有所增长，前者从13%增长为14%，后者从10%增长为
11%。衣着消费和家用设备消费的排放比重均有所下降。可见，城镇
居民发展型消费的间接碳排放增长快于生存型消费，特别是人口老龄
化带来的医疗保健消费排放非常值得关注。

从图8.5和图8.6可以看出，未来农村居民间接能源消费碳排放
的来源结构变动将比城镇更为明显。交通通信消费和文教娱乐消费的
碳排放量增长最为明显，将成为首要和次要来源，两者的排放比重分
别从11%增长为26%和20%。医疗保健消费的碳排放量也增长较快，
排放比重从13%增长为16%。原先的主要排放来源——食品消费和
居住消费的碳排放在仿真时期内都出现先增后减的情况，排放比重分
别从27%和26%下降为16%和15%（见图8.7）。另外，衣着消费和
家用设备消费的排放比重均有所下降。可见，农村居民发展型消费的
间接碳排放增长快于生存型消费，也快于城镇居民。这反映了在农村
居民收入增长快于城镇、城乡收入差距不断缩小的情况下，农村居民
交通通信、文教娱乐消费的收入弹性更强；也同时反映了在未来城镇
化水平提高、农村人口和家庭户减少的趋势下，生存型消费及其排放
的增长将非常有限。

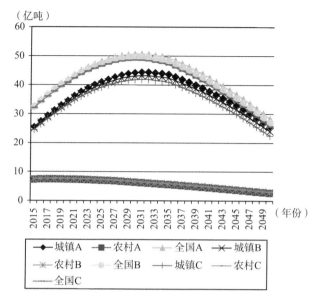

图 8.5　居民间接能源消费碳排放规模的变动趋势

注：A 表示 2030 年人口城镇化水平最高值对应的预测情境，B 表示 2030 年人口城镇化水平中值对应的预测情境，C 表示 2030 年人口城镇化水平最低值对应的预测情境。

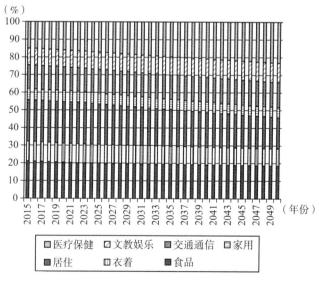

图 8.6　城镇居民间接能源消费碳排放结构的变动趋势

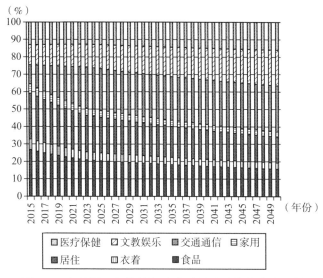

图8.7 农村居民间接能源消费碳排放结构的变动趋势

8.3.3 居民生活碳排放总量的结果分析

仿真结果显示（见图8.8），2016～2050年城镇居民和农村居民生活碳排放量均呈"先升后降"的变动态势，城乡总量也在仿真时期内出现了峰值。在三个人口城镇化水平情境下，城镇居民生活碳排放峰值均出现在2032年，规模为52.6亿～55.5亿吨；农村居民直接能源消费碳排放峰值均出现在2019年，规模为18.2亿～18.8亿吨；城乡总量峰值均出现在2031年，规模为69.5亿～71.5亿吨。城镇化水平最高值情境下的城乡总量峰值比最低值情境大约高2亿吨，中值情境正好居中。可见，随着人口与家庭户城镇化的进程，未来城乡居民生活碳排放总量将出现收敛，农村居民生活碳排放量最早达到峰值，城镇居民排放量和城乡排放总量将在2030年之后先后达到峰值。虽然2030年之前城乡总量的峰值尚未到来，但2030年的排放量已进入增长放缓的峰值区间。这也预示着全国能源消费碳排放量在2030年达到峰值完全具有可能。

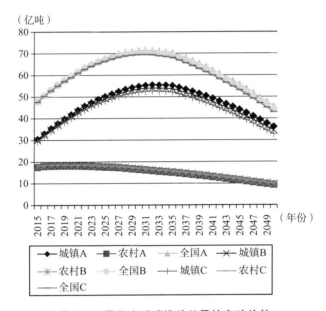

（亿吨）

（年份）

图8.8　居民生活碳排放总量的变动趋势

注：A 表示 2030 年人口城镇化水平最高值对应的预测情境，B 表示 2030 年人口城镇化水平中值对应的预测情境，C 表示 2030 年人口城镇化水平最低值对应的预测情境。

8.4　本　章　小　结

本章通过构建"人口—家庭户—居民消费—碳排放"系统仿真模型，在分城乡、分年龄性别人口预测数据、分城乡家庭户预测数据的基础上，进行 2016～2050 年居民生活能源消费碳排放变动的仿真分析，相关结论如下：

（1）未来 15 年，居民生活能源消费碳排放量增长将实现收敛，预计在 2031 年达到峰值，这意味着国家"2030 年碳排放达到峰值"

的目标在居民消费端具有较好地实现基础。根据仿真结果分析发现，在2030年居民人均消费支出规模相比目前翻番并持续增长的情况下，居民生活碳排放量增长实现收敛主要依赖于人口和家庭户增长的收敛、家庭户规模小型化的收敛、技术进步和政策导向的共同作用使得能源强度和碳排放强度降低。前两者仅实现了自身收敛，后者的作用非常关键，是抵消消费规模膨胀效应的主导力量。因此，充分掌握和利用人口和家庭户变动规律、促进节能减排的技术进步和政策导向是实现国家碳减排目标的必要条件。

（2）在能源结构逐步优化、碳排放强度不断降低的预期下，人口和家庭户城镇化对国家减排目标的实现并不构成实质性影响。仿真结果显示，在不同的人口城镇化水平情景下，居民生活碳排放总量都将在2031年达到峰值，且城镇化最高值情境仅比最低值情境高约2亿吨，城镇居民生活碳排放量也将在2032年达到峰值。当然，人口和家庭户城镇化对于节能减排和减缓气候变化的长期影响始终存在，对于"碳排放规模早达峰值并使峰值规模尽可能低"的愿望实现具有潜在影响。

（3）在私家车交通出行需求猛增的带动下，油品消费将成为城乡居民直接能源消费碳排放的首要来源。仿真结果显示，油品消费碳排放占全部居民直接能源消费碳排放的比重将逐步占到约50%。与电力消费不同，油品消费在消费量迅猛增长的情况下，其碳排放系数并不会减小。因此，促进降低机动车油耗的技术进步和绿色出行的政策导向将至关重要。

（4）随着消费结构转型升级，居民间接能源消费碳排放的主要来源将由生存型消费转变为发展型消费，农村居民的转变将比城镇居民更为明显。仿真结果显示，未来交通通信、文教娱乐、医疗保健等发展型消费的排放比重将逐步接近并超过生存型消费的排放比重，2050

年城乡居民发展型消费的排放比重将分别达到48%和62%。虽然发展型消费的总体排放强度不高，但其中医疗保健产品和交通工具的制造过程却是高排放的，而这两者正是老龄化和城镇化过程中将会迅猛增长的消费项目，应该引起格外重视。

（5）居民生活碳排放预计在2030年前未达到峰值，将不能为其他领域的碳排放提供额外空间。所以，在权衡经济社会发展与节能减排的过程中，国内产品出口、政府公共消费等领域的碳排放也会充满压力。

第9章

结论与讨论

9.1 主 要 结 论

本书从居民基本生存和发展需求的角度出发,以城乡居民生活用能和消费为切入点,分析在人口和家庭户城镇化背景下过去、现在和未来我国居民消费碳排放的变动趋势及其内在影响机理,进而探讨国家碳减排战略下居民消费的减排空间、潜力大小以及人口和家庭户城镇化在其中的影响效应。全书的核心内容分为三部分:历史回顾分析、影响机理分析和预测仿真分析。首先,回顾分析了1995年以来城乡家庭户数变动和家庭户城镇化的贡献因素及其变动特征、城乡居民直接和间接能源消费碳排放城乡差异的贡献因素及其变动特征、家庭户城镇化对城乡居民生活能源消费碳排放的影响效应;其次,分析城乡居民家庭户人口结构、收入及消费对居民户均直接碳排放和间接碳排放的影响机理;最后,在预测当前至2050年城乡家庭户数变动的基础上,仿真分析不同的人口城镇化水平情景下城乡居民生活能源消费碳排放的变动及其差异。通过上述研究分析，得到以下几方面的主要结论：

（1）EKC/CKC 理论和"城市化—环境"相关性理论适用于我国人口与家庭户城镇化进程中居民生活碳排放的变动规律。根据仿真结果，居民人均生活碳排放量随着人均收入的增长，呈"倒 U 型"变动，符合 EKC/CKC 理论；城镇居民生活碳排放总量随着城镇化水平的提高，也呈"倒 U 型"变动，符合"城市化—环境"相关性理论。同时，根据家庭户预测，城乡家庭户总数将在 2041 年达到峰值 5.4 亿户，平均家庭户规模也将在 2040 年代达到谷值 2.67 人。可见，人均生活碳排放量增长、家庭户数量增长、家庭户规模小型化在不久的将来都会实现收敛，居民生活碳排放增长收敛的条件完全具备，也验证了本书提出的居民生活碳排放收敛理论框架所蕴含的假设都能成立。该理论框架同样适用于分析世界任何国家、区域或城市的居民生活碳排放增长收敛。

（2）居民生活碳排放量增长在未来 15 年渐趋峰值，意味着国家"2030 年碳排放达到峰值"的目标在居民消费端具有较好地实现基础。根据仿真结果，居民生活能源消费碳排放量增长将实现收敛，预计在 2031 年达到峰值。1995~2012 年的居民生活碳排放量足足增长了一倍，而 2015~2030 年将增长仅不足 50%。该趋势表明满足我国人口基本生存和发展所需的碳排放量将会减速增长并达到拐点，这可谓是国家实现 2030 年减排目标的必要条件已经实现。当然，该条件并不充分。居民生活碳排放预计在 2030 年前未达到峰值，将不能为其他领域的碳排放提供额外增长空间。所以，在权衡经济社会发展与节能减排的过程中，国内产品出口、政府公共消费等领域的碳排放也会充满压力。

（3）人口与家庭户增长收敛为国家实现"2030 年碳排放达到峰

值"的减排目标提供了非常有利的基础条件，但有效的技术进步和政策导向仍是减排的主导力量。根据仿真结果，人口与家庭户将在2030年前后进入平稳变动的峰值区间，家庭户数量增长逐渐收敛。1995~2013年全国家庭户数量增长了1.16亿户，而当前至2041年家庭户数达到峰值5.4亿户，将只有8000万~9000万户的增量，且增长主要集中在2030年之前。但人口和家庭户增长的收敛并不能抵消人均消费规模膨胀的不利影响。在2030年居民人均消费支出规模相比目前翻番并持续增长的情况下，居民生活碳排放量增长实现收敛主要依赖于技术进步和政策导向的共同作用使得能源强度和碳排放强度降低。如果技术进步和政策引导未能有效到位，届时全国超过5.4亿个家庭户仍将对节能减排造成巨大压力，上述实现减排目标的有利条件将会只是"空壳"。

（4）人口与家庭户城镇化给节能减排带来巨大挑战，但在能源结构逐步优化、碳排放强度不断降低的预期下，人口和家庭户城镇化对国家减排目标的实现并不构成实质性影响。1995年以来，家庭户城镇化水平提高了20多个百分点，通过驱动城镇居民生活碳排放、抑制农村居民生活碳排放、驱动间接能源消费碳排放、抑制直接能源消费碳排放，使得城乡居民生活碳排放总量共计增加了22.89亿吨，平均每年增加1.35亿吨。预计2030年全国城镇人口将达近10亿人、家庭户数量将接近4亿户，将有超过七成的家庭户居住在城镇。所幸在不同的人口城镇化水平情景下，居民生活碳排放总量都将在2031年达到峰值，且城镇化最高值情境仅比最低值情境高约2亿吨。当然，人口和家庭户城镇化对于节能减排和减缓气候变化的长期影响始终存在，对于"碳排放规模早达峰值并使峰值规模尽可能低"的愿望实现具有潜在影响。

（5）未来家庭户规模小型化的收敛，将是实现国家减排目标的另一有利条件。家庭户规模小型化，一方面会增加家庭户的数量；另一方面会将在一定程度上给以户为单位的消费和用能带来"规模不经济"效应，总体上对节能减排是不利的。可喜的是，农村家庭户规模小型化将在近些年收敛反弹，城镇家庭户规模小型化在2030年前后也将逐渐趋于收敛，城乡平均家庭户规模将稳定在2.67人左右。由于城乡家庭户规模小型化的收敛反弹都会在各自的人口规模增长收敛甚至减少的时候出现，故并不会带来家庭户数的额外增长，预测结果也未出现预想的"城镇将同时出现家庭户数增长、家庭户规模扩大"现象。因此，2030年前后家庭户规模小型化的收敛，将会国家实现减排目标作出一定贡献。

（6）人口和家庭户城镇化对居民生活碳排放的驱动效应集中体现在城镇，城镇居民生活碳排放应成为节能减排领域关注的重点。1995～2012年，家庭户城镇化使城镇居民生活碳排放共计增加了91.58亿吨碳排放量，平均每年增加5.39亿吨，相当于每年增加2012年城镇居民生活碳排放量的近四分之一。根据仿真结果，城镇居民生活碳排放的比重将不断增长，并将在2030年达到75%。家庭户城镇化对农村的影响体现为节能减排效应，特别是以传统生物质能为代表的直接能源消费碳排放大量减少，农村居民生活碳排放所占比重一直处于下降趋势。因此，城镇居民和城市管理部门的减排责任和义务更大。

（7）居民收入水平提高对生活碳排放具有显著的促进作用，私家车出行用油、其它交通通信商品和服务等收入弹性高的消费项目应成为节能减排领域关注的重点。根据1995～2012年数据的分解结果，在家庭户城镇化对居民生活碳排放的影响效应中，收入水平提高的作用是最大的。根据基于回归模型的影响机理分析，在当前及未来城乡居民人均收入的增长区间内，人均收入增长对居民消费规模增长、直接能源消费规模增长具有正向的促进作用。根据仿真结果，在收入水平提高的持续带动下，2030 年居民人均消费支出规模将比目前翻番，特别是私家车出行用油、交通通信等发展型消费规模迅猛增长，将成为居民生活碳排放的首要来源。

（8）城乡人口老龄化与家庭户城镇化相伴而行，对居民生活碳排放也有微妙影响，医疗保健消费也应成为节能减排领域关注的重点。根据年龄别消费模式，中青年人在衣着、居住、家庭设备及用品、交通通信、文教娱乐消费及各项直接能源消费中表现出最强的边际消费倾向；老年人在医保保健消费中表现出最强的边际消费倾向。根据仿真结果，在未来城乡人口老龄化的大趋势下，医疗保健消费成为城镇居民间接碳排放的首要来源，在农村也增长较快。部分医疗保健产品的制造过程是高排放的，应该引起格外重视。

9.2 相 关 讨 论

9.2.1 可能的学术贡献

（1）提出了家庭户城镇化的多要素理论，并对 1995～2013 年我国家庭户城镇化历程的多要素变迁进行了实证研究。以往研究城镇化，一般都仅局限于人口城镇化。本书提出的"家庭户城镇化"相比人口城镇化具有更为丰富的内涵：从微观视角来看，不仅涉及人口与家庭户空间属性的变换，还涉及家庭户的分裂与重构；从中观视角来看，不仅涉及人口与家庭户城乡空间结构的变动，还涉及城乡家庭户数量、规模、结构的协同变化，甚至还涉及家庭户与集体户的互动关系。因此，将家庭户城镇化的贡献因素提炼为乡—城人口迁移、城乡区划调整、城乡人口自然增长、城镇集体户与家庭户之间的人口流动、城乡家庭户小型化，五要素在不同时期呈现不同的变动。

（2）尝试构建了"三化"（城镇化、老龄化和家庭户小型化）互动中的家庭户城镇化对居民生活碳排放影响的系统模型，并进行了仿真实践和分析。以往研究人口城镇化对环境的影响，一般都局限于人口城镇化本身，未涉及老龄化和家庭户小型化。但从人口转变理论的视角来看，人口与家庭户城镇化对人口结构的影响不仅局限于其本身的影响，同时还伴有与人口年龄结构、平均家庭户规模变动交织产生的影响，即城镇化、老龄化、家庭户规模小型化在人口转变的大视野中处于并行互动的状态。因此，本书提出"三化"互动理论，并将其应用于分析居民生活碳排放的变动。

（3）探索居民生活碳排放实现收敛的理论机制，提出收敛的三个理论条件，为未来我国满足人口基本生存发展与减排双重需求下的碳减排战略提供理论依据。根据EKC/CKC理论，人均生活碳排放将在人均收入达到一定程度后出现拐点，具备收敛的条件。根据家庭收敛理论，家庭户规模小型化的趋势终将收敛。在人口规模增长和家庭户规模小型化都趋于收敛时，家庭户数量也必将收敛。若上述理论假设都能成立，居民生活碳排放将完全具备潜在的收敛条件。通过仿真分析，发现人均生活碳排放量增长、家庭户数量增长、家庭户规模小型化在不久的将来都会实现收敛。因此，该理论分析框架具有一定的普适性规律。

9.2.2 研究的局限性

（1）研究方法和数据的局限性。本书用户主率方法来预测家庭户，存在一些文中已经提及的固有缺陷。同时，家庭户预测模型中的年龄别户主率、系统仿真模型中的年龄别消费模式和年龄别用能模式,都是基于当前和过去的数据得到的,用于预测和仿真会存在适用性问题。这些重要的年龄别参数在未来必将发生变化,且难以准确对其进行预测。因此,会影响到预测和仿真结果的准确性。另外,系统仿真模型中外生变量的确定也存在类似问题。

(2)分析深度的局限性。本书在历史回顾分析时通过大量的数据分解分析了家庭户城镇化的贡献因素、家庭户城镇化对居民生活碳排放影响效应的贡献因素,但在仿真预测分析时未能与前面的内容有效对接。例如,前面涉及乡—城人口迁移、行政区划调整、集体户人口与家庭户人口之间流动等家庭户城镇化的贡献因素,但在预测仿真研究中未能区分区划城镇化人口与迁移城镇化人口、集体户与家庭户在能源消费碳排放中的异质性。受制于数据可得性等因素,未能从整体上勾勒出"过去—现在—未来"这些贡献因素的变迁模式。

(3)政策指向性不足的局限性。本书研究的过程和研究结论似乎对于政策的指向意义仅在于理念认识层面。由于专业知识背景和本书架构的原因,文中没有也不可能涉及到对居民电力、生物质能、交通等节能减排领域政策的具体涉及和分析。这是本书的一个缺陷,也是几乎所有从人口视角分析环境问题的研究都存在的问题,即所能产生的贡献"重在学理,轻于政策"。

9.3 政 策 建 议

9.3.1 重视人口与家庭发展在国家战略中的基础性地位,倡导构建新常态下的"人口—资源—环境"协调发展观

人口与家庭发展是一个多元动态的过程,在应对气候变化、新型

城镇化等国家战略中始终居于重要的基础性地位。目前，我们的应对气候变化国家战略在很大程度上仍缺乏对人口与家庭未来多元动态变化的考量。新型城镇化战略虽然致力于"以人为本"，将着重解决若干城镇化发展过程中的人口与社会问题，但在谋划城镇资源环境与绿色发展时，对于人口（尤其是家庭户）未来变动的考量也极为缺乏。在人口低速增长的新常态下，人口规模将呈现"总量巨大、渐趋峰值"的特征，家庭户变动将呈现"户变小、量增多"的特征。由于人口基数巨大，"人口—资源—环境"的"紧平衡"关系仍将长期存在，特别要认识到家庭户规模继续缩小对于资源环境以及应对气候变化的影响。具体而言，笔者认为以下两点值得特别关注：

（1）尝试将人口与家庭变动分析技术应用于应对气候变化国家战略。基于人口与家庭的变动趋势、"人口（家庭）—经济（消费）—环境（碳排放）"的互动关系在气候变化中扮演着重要的角色，全球"人口—气候变化"研究领域的一批领军人物最近几年开发了可共享的社会经济路径（the shared socio-economic pathways，SSPs）分析框架，用以消融人口研究实践领域与气候变化研究实践领域的隔阂，构建人口与家庭变动分析技术在应对气候变化议题中可发言与对话的桥梁。我们国家作为世界第一人口大国，应对气候变化战略理应将该领域内领先的分析框架引入其中，增强人口研究的"普适性"和"外界可及性"，并为人口科学贡献于政策实践提供适应的平台和机制。

（2）尝试将家庭户预测和分析应用于国家新型城镇化规划和各级城乡发展规划。无论人口城镇化的来源途径，还是其对经济社会、资源环境的影响效应都以户为基本发生单位，特别是城乡居民的消费和碳排放主要是以户为单位进行的。目前的国家新型城镇化规划和各级城乡发展规划都仅以城乡人口规划和人口城镇化水平为基础。如果能同时将城乡家庭户数量和家庭户城镇化水平作为衡量城镇化发展的指标，将提升规划中人口预测部分的有效性，为经济社会发展和应对气候变化提供更好的指示意义。

9.3.2 兼顾居民消费端节能减排政策的"效率"与"公平"，促进政策设计的理论创新与实践

任何以人为主体的节能减排政策，只有建立在人口与能源消费、碳排放之间具体而明确的关系基础之上，才能使政策兼具"公平"和"效率"，同时也更具可操作性。在制定居民消费端的节能减排政策时，不仅要考虑城镇与农村、不同地区气候类型和收入水平的差别，还应将对家庭户常住人口规模、年龄和性别结构的考虑放在重要的位置。这样才能更好地在"实现政策效率"和"人际、户际公平"之间达到平衡。具体而言，笔者认为以下两点值得特别关注：

（1）尝试将家庭规模与结构作为居民能源消费价格制定的依据之一，给予承担养老或育儿责任的家庭更多优惠。笔者研究发现，家庭户能源消费的规模经济效应与当前居民能源消费定价机制不符，人口规模大的家庭（通常也是承担养老或育儿责任的家庭）人均用能一般反而较少，但在近年来为节能减排而广泛推广的阶梯价格机制下，这些家庭却因为消费总量较大，而需要支付较高的人均价格，这明显有失公平。从这个角度来说，这些家庭为节能做出了贡献，本就应该得到鼓励与补贴，却反而受到了"不公正的待遇"。因此，研究和推行优惠或补偿性政策，纠正当前价格机制中的偏误，不仅可以解决公平性问题，还能促进节能减排政策效率的提升。作为今后家庭政策体系中家庭消费政策的重要组成部分，也是国家应对人口老龄化与少子化相关政策的重要补充，这是兼具应对人口老龄化、应对气候变化战略意义的政策项目，政府理应进行重点考虑。

（2）制定充分考虑人口异质性和人口年龄结构变动影响的居民节能减排政策。例如，在宣传节电减排政策时，应该更具重要人群的针对性，将20～39岁的女性和退休的女性作为宣传的重点。另外，应该充分考虑人口老龄化的影响，合理引导健康产业发展，抑制医疗保健产品和服务的盲目消费及其引致的碳排放增长。正确把握人口结构对居民消费结构的影响规律，统筹安排涉及居民消费的节能减排政策与人口需求相协调，尤其应有针对性地加大对老人和妇女的扶助，保证社会公平。

9.3.3 淡化"功利主义"的城镇化政策取向，建立"以人为本"的城镇化发展模式

过去三十多年，我国经历了规模与速度都史无前例的人口与家庭的城镇化进程，为能源消费转型、节能减排与应对气候变化奠定了良好的"空间基础"。但对于经济增长和发展速度的过度追求使得城镇化面临的资源短缺、生态环境脆弱、城乡区域发展不平衡等问题越加凸显，由此带来的交通堵塞、环境污染等问题已对未来的节能减排与应对气候变化增添了更多难题。具体而言，笔者认为以下三点值得特别关注：

（1）合理规划安排新型城镇化的能源基础设施配套保障。城镇电力、燃气、供热等能源基础设施都按照绿色循环低碳进行规划、建设和管理，为乡—城迁移人口和就地城镇化人口的直接能源消费转型提供便利。同时，应推进这些城镇能源基础设施和服务向农村地区延伸，促进农村居民由传统能源消费向清洁能源消费转型。

（2）提倡紧凑型城镇化形态，抑制交通出行的碳排放增长。协调人口城镇化和土地城镇化同步发展，编织融通性更强的城镇交通网，

合理缩减居民日常通行距离。提倡绿色出行，优化城市公共交通服务。

（3）提高城镇住宅密度，增强城镇建筑节能水平，抑制居住消费的碳排放增长。推广应用新能源技术，发展绿色节能建筑。提高建筑热能利用效率，推行采暖地区住宅供热分户计量。

附　录

附表 1

城镇户均间接碳排放模型的参数估计结果

	总消费	食品	衣着	居住	家庭设备及用品	医疗保健	交通通信	文教娱乐
$\ln I$	-0.659*** (-15.21)							
$(\ln I)^2$	0.060*** (22.52)							
YM_0	-0.093** (-3.04)	0.150*** (3.28)	0.003 (0.03)	-0.415*** (-3.79)	0.004 (0.05)	0.418*** (3.62)	0.033 (0.59)	-0.054 (-0.37)
YM_5	-0.130*** (-4.19)	0.032** (2.68)	0.053 (0.58)	-0.331** (-2.96)	0.113* (1.99)	0.055 (0.47)	0.069* (2.21)	1.897*** (12.99)
YM_{10}	-0.122*** (-3.78)	0.020 (0.41)	0.083** (2.87)	0.018 (0.16)	0.039 (0.50)	0.259* (2.12)	0.002 (0.03)	1.066*** (7.02)
YM_{15}	-0.062* (-2.02)	-0.034** (-2.74)	0.169*** (3.88)	-0.341** (-3.10)	0.116* (2.55)	-0.441*** (-3.80)	-0.022 (-0.39)	1.022*** (7.10)
YM_{20}	-0.187*** (-7.27)	-0.145*** (-3.74)	0.215** (2.84)	-0.316** (-3.40)	0.168** (2.65)	-0.286** (-2.92)	0.168** (3.52)	0.022 (0.18)

续表

	总消费	食品	衣着	居住	家庭设备及用品	医疗保健	交通通信	文教娱乐
YM_{25}	-0.190*** (-6.71)	-0.012 (-0.29)	0.329*** (3.96)	-0.107* (-2.05)	0.293*** (4.21)	-0.123* (-2.15)	0.302*** (5.79)	-0.453*** (-3.40)
YM_{30}	-0.165*** (-5.04)	-0.023 (-0.47)	0.383*** (4.00)	-0.081** (-2.69)	0.199* (2.49)	-0.217** (-2.76)	0.291*** (4.84)	0.357* (2.33)
YM_{35}	-0.116*** (-3.36)	-0.011 (-0.21)	0.532*** (5.25)	-0.357** (-2.88)	0.292*** (3.45)	-0.170* (-2.30)	0.426*** (6.69)	0.543*** (3.34)
YM_{40}	-0.157*** (-4.62)	-0.021 (-0.40)	0.400*** (4.00)	-0.418*** (-3.41)	0.294*** (3.52)	0.074 (0.57)	0.376*** (5.98)	0.804*** (5.02)
YM_{45}	-0.134*** (-3.76)	0.109* (2.03)	0.248* (2.37)	-0.329** (-2.56)	0.322*** (3.67)	0.005 (0.03)	0.203** (3.08)	0.618*** (3.68)
YM_{50}	-0.170*** (-4.60)	0.195*** (3.51)	0.168*** (3.54)	-0.162* (-2.22)	0.155** (2.70)	0.138* (1.99)	0.125** (2.84)	-0.118** (-2.68)
YM_{55}	-0.166*** (-4.56)	0.190*** (3.48)	0.165*** (3.54)	-0.361** (-2.75)	0.248** (2.78)	0.107* (1.97)	0.109** (2.62)	-0.506** (-2.96)
YM_{60}	-0.217*** (-5.70)	0.216*** (3.77)	-0.054 (-0.48)	-0.297* (-2.16)	0.185* (1.97)	0.294* (2.03)	0.001 (0.02)	-0.252* (-2.41)

续表

	总消费	食品	衣着	居住	家庭设备及用品	医疗保健	交通通信	文教娱乐
YM_{65}	-0.180*** (-4.31)	0.176** (2.81)	-0.358** (-2.92)	-0.273** (-2.82)	0.234* (2.28)	0.075 (0.47)	-0.228** (-2.95)	-0.537** (-2.73)
YM_{70}	-0.170*** (-3.77)	0.214** (3.16)	-0.174* (-2.31)	-0.326* (-2.00)	0.011 (0.09)	0.341* (1.99)	-0.283*** (-3.39)	-0.697*** (-3.28)
YM_{75}	-0.212*** (-4.44)	0.080* (2.11)	-0.524*** (-3.74)	-0.401** (-2.33)	0.067 (0.57)	0.319** (2.77)	-0.481*** (-5.47)	-0.782*** (-3.48)
YM_{80}	-0.234*** (-5.31)	0.040 (0.60)	-0.157* (-2.21)	-0.659*** (-4.15)	0.010 (0.09)	0.247* (2.48)	-0.202* (-2.48)	-0.032 (-0.15)
YF_{0}	-0.108*** (-3.35)	0.129** (2.68)	0.058 (0.62)	-0.340** (-2.95)	0.073* (2.03)	0.248* (2.05)	0.041** (2.69)	0.119** (2.79)
YF_{5}	-0.161*** (-4.89)	0.022* (2.45)	0.083** (2.86)	-0.198** (-2.66)	-0.012 (-0.14)	0.240** (2.92)	-0.014 (-0.23)	2.020*** (12.99)
YF_{10}	-0.173*** (-5.10)	0.121* (2.38)	0.092* (1.93)	-0.192** (-2.57)	0.087* (2.05)	-0.031 (-0.24)	-0.045** (-2.72)	0.957*** (5.99)
YF_{15}	-0.033* (-2.02)	-0.026 (-0.54)	0.191* (2.01)	-0.024 (-0.21)	-0.060** (-2.76)	0.003 (0.03)	-0.003 (-0.06)	1.059*** (6.95)

续表

	总消费	食品	衣着	居住	家庭设备及用品	医疗保健	交通通信	文教娱乐
YF_{20}	-0.039** (-2.62)	-0.179*** (-5.00)	0.336*** (4.79)	-0.155* (-2.01)	0.086* (2.47)	-0.002 (-0.02)	0.164*** (3.72)	0.522*** (4.65)
YF_{25}	-0.021 (-0.72)	-0.105* (-2.41)	0.567*** (6.66)	-0.053 (-0.51)	0.258*** (3.63)	-0.115* (-2.04)	0.200*** (3.73)	0.478*** (3.50)
YF_{30}	0.112*** (3.19)	-0.189*** (3.59)	0.799*** (7.77)	0.159* (2.26)	0.212* (2.47)	-0.241** (-2.82)	0.291*** (4.51)	1.195*** (7.25)
YF_{35}	0.070* (1.99)	-0.128* (-2.38)	0.758*** (7.19)	0.071 (0.55)	0.199* (2.26)	-0.229** (-2.69)	0.334*** (5.04)	1.352*** (7.99)
YF_{40}	0.021 (0.60)	-0.116* (-2.17)	0.619*** (5.95)	-0.239* (-1.98)	-0.044 (-0.51)	-0.227** (-2.69)	0.277*** (4.24)	1.446*** (8.67)
YF_{45}	0.062** (2.64)	-0.099** (-2.77)	0.349** (3.17)	-0.274* (-2.03)	-0.060 (-0.65)	-0.086 (-0.61)	0.221*** (3.20)	0.757*** (4.29)
YF_{50}	-0.034* (-1.99)	-0.070* (-2.23)	0.163* (2.46)	-0.011 (-0.08)	-0.077** (-2.83)	0.223** (2.55)	0.240*** (3.41)	0.296** (2.65)
YF_{55}	-0.071* (-1.98)	0.031* (2.55)	-0.035 (-0.32)	-0.115 (-0.87)	-0.139** (-2.54)	0.570*** (4.09)	0.142* (2.09)	-0.072 (-0.42)

续表

	总消费	食品	衣着	居住	家庭设备及用品	医疗保健	交通通信	文教娱乐
YF_{60}	-0.073* (-1.97)	0.001 (0.02)	-0.090 (-0.80)	-0.272* (-2.04)	-0.162** (-2.78)	0.663*** (4.71)	-0.019 (-0.27)	-0.224* (-2.28)
YF_{65}	-0.092* (-2.15)	0.099* (2.54)	-0.219** (-2.75)	-0.127* (-2.03)	-0.081** (-2.78)	0.939*** (5.81)	-0.026 (-0.33)	-0.406* (-2.02)
YF_{70}	-0.085* (-1.99)	-0.151* (-2.35)	-0.849*** (-6.75)	-0.099 (-0.64)	-0.274** (-2.61)	0.713*** (4.40)	-0.444*** (-5.62)	-0.016* (-2.08)
YF_{75}	-0.195*** (-4.08)	0.080* (2.12)	-0.737*** (-5.26)	0.271** (2.58)	-0.292* (-2.49)	0.817*** (4.52)	-0.212* (-2.41)	-0.673** (-3.00)
YF_{80}	-0.123** (-3.41)	-0.138* (-2.54)	-0.114* (-2.08)	-0.133* (-2.02)	0.036 (0.41)	0.406** (2.97)	-0.161* (-2.42)	0.145** (2.85)
lnE		0.905*** (54.46)	1.332*** (41.07)	1.126*** (28.28)	1.318*** (48.52)	0.811*** (19.37)	1.228*** (60.24)	1.879*** (36.08)
价格指数	0.040*** (18.55)	0.003* (2.20)	0.073*** (7.21)	0.301*** (34.72)	-0.147*** (-10.40)	-0.022 (-1.78)	2.405*** (7.29)	-0.725*** (-6.03)
常数项	10.173*** (56.53)	-0.249 (-1.56)	-7.765*** (-24.99)	-5.299*** (-13.89)	-6.073*** (-23.33)	-2.166*** (-5.40)	-5.130*** (-26.26)	-14.357*** (-28.76)
拟合优度	0.360	0.367	0.279	0.327	0.281	0.107	0.393	0.334

注：括号内为 t 统计量。* 为 $p<0.05$，** 为 $p<0.01$，*** 为 $p<0.001$。变量名称对应于模型的公式 6.1 解释。

附表 2　　农村户均间接碳排放模型的参数估计结果

	总消费	食品	衣着	居住	家庭设备及用品	医疗保健	交通通信	文教娱乐
$\ln I$	-0.488*** (-9.03)							
$(\ln I)^2$	0.045*** (12.86)							
YM_0	-0.120*** (-4.51)	0.122*** (3.35)	0.163* (2.25)	-0.263** (-2.87)	0.096** (2.57)	0.158* (2.82)	0.057* (2.04)	-0.521*** (-4.61)
YM_5	-0.142*** (-5.48)	0.099** (2.78)	0.082* (2.17)	-0.414*** (-4.67)	0.088* (2.50)	-0.017 (-0.20)	0.006 (0.11)	1.223*** (11.16)
YM_{10}	-0.183*** (-6.11)	0.142*** (3.43)	0.118* (2.44)	-0.056 (-0.55)	0.128** (2.86)	0.019 (0.20)	0.029 (0.46)	0.855*** (6.70)
YM_{15}	0.028* (2.03)	-0.012 (-0.33)	0.056 (0.76)	-0.506*** (-5.39)	-0.126* (-2.03)	-0.124* (-2.39)	-0.042** (-2.73)	0.992*** (8.56)
YM_{20}	-0.093*** (-4.29)	-0.019 (-0.65)	0.115** (2.95)	-0.323*** (-4.33)	0.077** (2.54)	-0.244*** (-3.45)	0.074** (2.65)	-0.209* (-2.26)
YM_{25}	-0.165*** (-6.36)	0.001 (0.02)	0.241*** (3.41)	-0.080** (-2.90)	0.026 (0.44)	-0.230** (-2.72)	0.195*** (3.63)	-0.509*** (-4.62)

	总消费	食品	衣着	居住	家庭设备及用品	医疗保健	交通通信	文教娱乐
YM_{30}	-0.101*** (-3.19)	0.015 (0.35)	0.494*** (5.75)	-0.140* (-2.29)	0.128** (2.78)	-0.286** (-2.78)	0.355*** (5.42)	0.264* (1.96)
YM_{35}	-0.062** (2.80)	0.072* (2.53)	0.483*** (5.16)	-0.203** (-2.71)	0.088* (2.12)	-0.485*** (-4.33)	0.433*** (6.06)	0.779*** (5.33)
YM_{40}	-0.033* (-1.93)	-0.003 (-0.06)	0.441*** (4.64)	-0.160* (-2.33)	0.113* (2.42)	-0.365*** (-3.21)	0.505*** (6.96)	1.283*** (8.64)
YM_{45}	-0.019* (-2.01)	0.078* (2.53)	0.177** (2.75)	-0.135* (-2.05)	-0.045 (-0.53)	-0.156* (-2.28)	0.437*** (5.65)	0.440** (2.78)
YM_{50}	-0.048* (-2.20)	0.051* (1.99)	0.060 (0.56)	-0.240** (-2.76)	0.031 (0.35)	0.042 (0.33)	0.321*** (3.90)	0.022 (0.13)
YM_{55}	-0.164*** (-4.45)	0.125* (2.47)	-0.156** (-2.55)	-0.021 (-0.16)	0.026 (0.31)	0.113* (1.95)	0.225** (2.94)	-0.254** (-2.62)
YM_{60}	-0.121*** (-3.19)	0.187*** (3.58)	-0.315** (-3.05)	-0.094** (-2.72)	-0.043 (-0.50)	-0.164* (-2.33)	0.110* (2.39)	-0.234** (-2.45)
YM_{65}	-0.134*** (-3.33)	0.087** (2.58)	-0.441*** (-4.03)	-0.414** (-3.00)	0.049 (0.54)	0.218** (2.67)	-0.159* (-1.99)	-0.116 (-0.68)

续表

	总消费	食品	衣着	居住	家庭设备及用品	医疗保健	交通通信	文教娱乐
YM$_{70}$	-0.074** (-2.71)	0.061* (2.03)	-0.757*** (-6.41)	-0.272** (-2.82)	-0.163** (-2.65)	0.333* (2.36)	-0.213* (-2.36)	-0.363* (-1.97)
YM$_{75}$	-0.129** (-2.65)	0.081* (2.21)	-0.705*** (-5.32)	-0.103** (-2.61)	-0.036 (-0.32)	0.305* (1.98)	-0.327** (-3.24)	-0.015 (-0.07)
YM$_{80}$	-0.136*** (-3.57)	-0.027 (-0.51)	-0.123* (-2.19)	-0.157* (-2.20)	0.093* (2.07)	0.008 (0.06)	0.075* (1.96)	-0.001 (-0.01)
YF$_{0}$	-0.099*** (-3.54)	0.135*** (3.53)	0.033 (0.43)	-0.200* (-2.09)	0.123* (1.98)	0.184* (2.03)	-0.020 (-0.34)	-0.433*** (-3.65)
YF$_{5}$	-0.112*** (-4.16)	0.043* (2.16)	0.172* (2.35)	-0.370*** (-3.99)	0.044** (2.72)	0.111* (2.26)	-0.145** (-2.59)	1.386*** (12.11)
YF$_{10}$	-0.138*** (-4.53)	0.106* (2.54)	0.043 (0.52)	0.039 (0.37)	0.152* (2.19)	-0.136** (-2.38)	0.024 (0.38)	0.715*** (5.54)
YF$_{15}$	-0.015* (-2.01)	-0.037* (-1.99)	0.097* (2.24)	-0.499*** (-5.06)	-0.208*** (-3.17)	-0.143** (-2.54)	-0.018 (-0.31)	0.972*** (7.79)
YF$_{20}$	-0.072*** (-3.41)	-0.050** (-2.74)	0.258*** (4.51)	-0.058** (-2.81)	0.060* (2.26)	-0.066* (-1.96)	0.161*** (3.70)	0.315*** (3.54)

续表

	总消费	食品	衣着	居住	家庭设备及用品	医疗保健	交通通信	文教娱乐
YF_{25}	0.032* (2.12)	-0.072** (-2.84)	0.306*** (3.97)	0.032 (0.33)	0.156* (2.41)	-0.028 (-0.30)	0.241*** (4.10)	0.860*** (7.14)
YF_{30}	0.096** (2.69)	-0.099* (-2.03)	0.596*** (6.16)	-0.013 (-0.11)	0.251*** (3.09)	0.121* (2.05)	0.316*** (4.28)	1.303*** (8.62)
YF_{35}	0.050* (2.33)	-0.119* (-2.32)	0.623*** (6.12)	0.015 (0.12)	0.195* (2.28)	0.079 (0.65)	0.552*** (7.11)	1.644*** (10.35)
YF_{40}	0.044* (2.17)	-0.174*** (-3.41)	0.582*** (5.77)	-0.092** (-2.72)	0.150** (2.77)	0.048 (0.40)	0.446*** (5.49)	1.442*** (9.16)
YF_{45}	0.065** (2.69)	-0.142** (-2.70)	0.449*** (4.32)	-0.145* (-2.11)	0.210* (2.40)	0.102** (2.82)	0.415*** (5.15)	0.799*** (4.92)
YF_{50}	0.020 (0.50)	-0.093** (-2.67)	0.167* (2.51)	-0.141* (2.01)	0.134* (2.45)	0.261* (1.97)	0.435* (2.14)	0.161** (2.93)
YF_{55}	-0.019 (-0.51)	-0.066* (-2.31)	-0.039 (-0.39)	-0.106** (-2.84)	-0.055* (-2.65)	0.432*** (3.60)	0.163 (-0.25)	-0.295* (-1.98)
YF_{60}	-0.067** (-2.76)	-0.104* (-1.98)	-0.469*** (-4.53)	-0.030 (-0.23)	-0.109* (-2.25)	0.786*** (6.35)	-0.020* (-2.40)	-0.472** (-2.92)

续表

	总消费	食品	衣着	居住	家庭设备及用品	医疗保健	交通通信	文教娱乐
YF_{65}	-0.111** (-2.71)	-0.104* (-1.97)	-0.452*** (-4.07)	-0.011 (-0.08)	-0.172** (-2.84)	0.558*** (4.21)	-0.118 (-0.63)	-0.526** (-3.04)
YF_{70}	-0.229*** (-5.19)	-0.104* (-2.01)	-0.265* (-2.22)	0.094** (2.62)	-0.094** (-2.94)	0.835*** (5.83)	-0.058** (-2.58)	-0.796*** (-4.26)
YF_{75}	-0.239*** (-4.72)	-0.135* (-1.99)	-0.482*** (-3.50)	-0.123** (-2.71)	-0.006 (-0.06)	0.563*** (3.42)	-0.166** (-2.72)	-0.477* (-2.22)
YF_{80}	-0.099** (-2.87)	-0.002 (-0.05)	-0.171** (-2.81)	-0.079** (-2.66)	-0.069** (-2.88)	0.188** (2.67)	-0.123*** (3.50)	0.457* (3.11)
lnE		0.903*** (57.15)	0.935*** (29.91)	0.961*** (24.31)	1.126*** (42.90)	1.045*** (27.93)	1.151*** (48.24)	1.215*** (24.86)
价格指数	0.050*** (23.14)	0.011*** (7.14)	0.087*** (9.88)	0.432*** (51.65)	-0.172*** (-7.22)	-0.025** (-2.25)	-0.127*** (-6.25)	-0.243*** (-5.53)
常数项	9.410*** (44.10)	-0.337* (-2.42)	-4.212*** (-15.30)	-5.523*** (-15.86)	-4.273*** (-18.49)	-3.759*** (-11.41)	-4.770*** (-22.70)	-9.000*** (-20.92)
拟合优度	0.238	0.373	0.243	0.411	0.220	0.139	0.314	0.332

注：括号内为 t 统计量。* 为 $p<0.05$，** 为 $p<0.01$，*** 为 $p<0.001$。变量名称对应于模型的公式 6.1 解释。

附表 3   城镇户均直接碳排放模型的参数估计结果

	总用能	煤	油	液化气	天然气	热力	电力
lnI	-0.659*** (-15.21)						
(lnI)²	0.060*** (22.52)						
YM₀	-0.093** (-3.04)	0.150*** (3.28)	0.003 (0.03)	-0.415*** (-3.79)	0.004 (0.05)	0.418*** (3.62)	0.033 (0.59)
YM₅	-0.130*** (-4.19)	0.032** (2.68)	0.053 (0.58)	-0.331** (-2.96)	0.113* (1.99)	0.055 (0.47)	0.069* (2.21)
YM₁₀	-0.122*** (-3.78)	0.020 (0.41)	0.083** (2.87)	0.018 (0.16)	0.039 (0.50)	0.259* (2.12)	0.002 (0.03)
YM₁₅	-0.062* (-2.02)	-0.034** (-2.74)	0.169*** (3.88)	-0.341** (-3.10)	0.116* (2.55)	-0.441*** (-3.80)	-0.022 (-0.39)
YM₂₀	-0.187*** (-7.27)	-0.145*** (-3.74)	0.215** (2.84)	-0.316*** (-3.40)	0.168** (2.65)	-0.286** (-2.92)	0.168*** (3.52)
YM₂₅	-0.190*** (-6.71)	-0.012 (-0.29)	0.329*** (3.96)	-0.107* (-2.05)	0.293*** (4.21)	-0.123* (-2.15)	0.302*** (5.79)

续表

	总用能	煤	油	液化气	天然气	热力	电力
YM_{30}	-0.165*** (-5.04)	-0.023 (-0.47)	0.383*** (4.00)	-0.081** (-2.69)	0.199* (2.49)	-0.217** (-2.76)	0.291*** (4.84)
YM_{35}	-0.116*** (-3.36)	-0.011 (-0.21)	0.532*** (5.25)	-0.357** (-2.88)	0.292*** (3.45)	-0.170* (-2.30)	0.426*** (6.69)
YM_{40}	-0.157*** (-4.62)	-0.021 (-0.40)	0.400*** (4.00)	-0.418*** (-3.41)	0.294*** (3.52)	0.074 (0.57)	0.376*** (5.98)
YM_{45}	-0.134*** (-3.76)	0.109* (2.03)	0.248* (2.37)	-0.329** (-2.56)	0.322*** (3.67)	0.005 (0.03)	0.203** (3.08)
YM_{50}	-0.170*** (-4.60)	0.195*** (3.51)	0.168*** (3.54)	-0.162* (-2.22)	0.155** (2.70)	0.138* (1.99)	0.125** (2.84)
YM_{55}	-0.166*** (-4.56)	0.190*** (3.48)	0.165*** (3.54)	-0.361** (-2.75)	0.248** (2.78)	0.107* (1.97)	0.109** (2.62)
YM_{60}	-0.217*** (-5.70)	0.216*** (3.77)	-0.054 (-0.48)	-0.297* (-2.16)	0.185* (1.97)	0.294* (2.03)	0.001 (0.02)
YM_{65}	-0.180*** (-4.31)	0.176** (2.81)	-0.358** (-2.92)	-0.273** (-2.82)	0.234* (2.28)	0.075 (0.47)	-0.228** (-2.95)

续表

	总用能	煤	油	液化气	天然气	热力	电力
YM_{70}	-0.170 *** (-3.77)	0.214 ** (3.16)	-0.174 * (-2.31)	-0.326 * (-2.00)	0.011 (0.09)	0.341 * (1.99)	-0.283 *** (-3.39)
YM_{75}	-0.212 *** (-4.44)	0.080 * (2.11)	-0.524 *** (-3.74)	-0.401 ** (-2.33)	0.067 (0.57)	0.319 ** (2.77)	-0.481 *** (-5.47)
YM_{80}	-0.234 *** (-5.31)	0.040 (0.60)	-0.157 * (-2.21)	-0.659 *** (-4.15)	0.010 (0.09)	0.247 * (2.48)	-0.202 * (-2.48)
YF_0	-0.108 *** (-3.35)	0.129 ** (2.68)	0.058 (0.62)	-0.340 ** (-2.95)	0.073 * (2.03)	0.248 * (2.05)	0.041 ** (2.69)
YF_5	-0.161 *** (-4.89)	0.022 * (2.45)	0.083 ** (2.86)	-0.198 ** (-2.66)	-0.012 (-0.14)	0.240 ** (2.92)	-0.014 (-0.23)
YF_{10}	-0.173 *** (-5.10)	0.121 * (2.38)	0.092 * (1.93)	-0.192 ** (-2.57)	0.087 ** (2.05)	-0.031 (-0.24)	-0.045 ** (-2.72)
YF_{15}	-0.033 * (-2.02)	-0.026 (-0.54)	0.191 * (2.01)	-0.024 (-0.21)	-0.060 ** (-2.76)	0.003 (0.03)	-0.003 (-0.06)
YF_{20}	-0.039 ** (-2.62)	-0.179 *** (-5.00)	0.336 *** (4.79)	-0.155 * (-2.01)	0.086 * (2.47)	-0.002 (-0.02)	0.164 *** (3.72)

续表

	总用能	煤	油	液化气	天然气	热力	电力
YF_{25}	-0.021 (-0.72)	-0.105* (-2.41)	0.567*** (6.66)	-0.053 (-0.51)	0.258*** (3.63)	-0.115* (-2.04)	0.200*** (3.73)
YF_{30}	0.112*** (3.19)	-0.189*** (3.59)	0.799*** (7.77)	0.159* (2.26)	0.212* (2.47)	-0.241** (-2.82)	0.291*** (4.51)
YF_{35}	0.070* (1.99)	-0.128* (-2.38)	0.758*** (7.19)	0.071 (0.55)	0.199* (2.26)	-0.229** (-2.69)	0.334*** (5.04)
YF_{40}	0.021 (0.60)	-0.116* (-2.17)	0.619*** (5.95)	-0.239* (-1.98)	-0.044 (-0.51)	-0.227** (-2.69)	0.277*** (4.24)
YF_{45}	0.062** (2.64)	-0.099** (-2.77)	0.349** (3.17)	-0.274* (-2.03)	-0.060 (-0.65)	-0.086 (-0.61)	0.221*** (3.20)
YF_{50}	-0.034* (-1.99)	-0.070* (-2.23)	0.163* (2.46)	-0.011 (-0.08)	-0.077** (-2.83)	0.223** (2.55)	0.240*** (3.41)
YF_{55}	-0.071* (-1.98)	0.031* (2.55)	-0.035 (-0.32)	-0.115 (-0.87)	-0.139** (-2.54)	0.570*** (4.09)	0.142* (2.09)
YF_{60}	-0.073* (-1.97)	0.001 (0.02)	-0.090 (-0.80)	-0.272* (-2.04)	-0.162** (-2.78)	0.663*** (4.71)	-0.019 (-0.27)

续表

	总用能	煤	油	液化气	天然气	热力	电力
YF_{65}	-0.092* (-2.15)	0.099* (2.54)	-0.219** (-2.75)	-0.127* (-2.03)	-0.081** (-2.78)	0.939*** (5.81)	-0.026 (-0.33)
YF_{70}	-0.085* (-1.99)	-0.151* (-2.35)	-0.849*** (-6.75)	-0.099 (-0.64)	-0.274** (-2.61)	0.713*** (4.40)	-0.444*** (-5.62)
YF_{75}	-0.195*** (-4.08)	0.080* (2.12)	-0.737*** (-5.26)	0.271** (2.58)	-0.292* (-2.49)	0.817*** (4.52)	-0.212* (-2.41)
YF_{80}	-0.123*** (-3.41)	-0.138* (-2.54)	-0.114* (-2.08)	-0.133* (-2.02)	0.036 (0.41)	0.406** (2.97)	-0.161* (-2.42)
lnE		0.905*** (54.46)	1.332*** (41.07)	1.126*** (28.28)	1.318*** (48.52)	0.811*** (19.37)	1.228*** (60.24)
常数项	10.173*** (56.53)	-0.249 (-1.56)	-7.765*** (-24.99)	-5.299*** (-13.89)	-6.073*** (-23.33)	-2.166*** (-5.40)	-5.130*** (-26.26)
拟合优度	0.812	0.599	0.851	0.911	0.621	0.913	0.956

注: 括号内为t统计量。* 为 $p < 0.05$, ** 为 $p < 0.01$, *** 为 $p < 0.001$。变量名称对应于模型的公式6.7解释。

附表 4

农村户均直接碳排放模型的参数估计结果

	总用能	煤	油	液化石油气	天然气	电力	沼气	秸秆	薪柴
$\ln l$	5.555*** (-9.03)								
$(\ln l)^2$	0.045*** (12.86)								
YM_0	-0.119*** (-4.51)	0.122*** (3.35)	0.163* (2.25)	-0.263** (-2.87)	0.096** (2.57)	0.158** (2.82)	0.057* (2.04)	-0.521*** (-4.61)	-0.054 (-0.37)
YM_5	-0.082*** (-5.48)	0.099** (2.78)	0.082* (2.17)	-0.414*** (-4.67)	0.088* (2.50)	-0.017 (-0.20)	0.006 (0.11)	1.223*** (11.16)	1.897*** (12.99)
YM_{10}	-0.119*** (-6.11)	0.142*** (3.43)	0.118* (2.44)	-0.056 (-0.55)	0.128** (2.86)	0.019 (0.20)	0.029 (0.46)	0.855*** (6.70)	1.066*** (7.02)
YM_{15}	0.125* (2.03)	-0.012 (-0.33)	0.056 (0.76)	-0.506*** (-5.39)	-0.126* (-2.03)	-0.124* (-2.39)	-0.042** (-2.73)	0.992*** (8.56)	1.022*** (7.10)
YM_{20}	-0.016*** (-4.29)	-0.019 (-0.65)	0.115** (2.95)	-0.323*** (-4.33)	0.077** (2.54)	-0.244*** (-3.45)	0.074** (2.65)	-0.209* (-2.26)	0.022 (0.18)
YM_{25}	-0.140*** (-6.36)	0.001 (0.02)	0.241*** (3.41)	-0.080** (-2.90)	0.026 (0.44)	-0.230** (-2.72)	0.195*** (3.63)	-0.509*** (-4.62)	-0.453*** (-3.40)

续表

	总用能	煤	油	液化石油气	天然气	电力	沼气	秸秆	薪柴
YM_{30}	0.058*** (-3.19)	0.015 (0.35)	0.494*** (5.75)	-0.140* (-2.29)	0.128** (2.78)	-0.286** (-2.78)	0.355*** (5.42)	0.264* (1.96)	0.357* (2.33)
YM_{35}	-0.070** (2.80)	0.072* (2.53)	0.483*** (5.16)	-0.203** (-2.71)	0.088* (2.12)	-0.485*** (-4.33)	0.433*** (6.06)	0.779*** (5.33)	0.543*** (3.34)
YM_{40}	0.071* (-1.93)	-0.003 (-0.06)	0.441*** (4.64)	-0.160* (-2.33)	0.113* (2.42)	-0.365*** (-3.21)	0.505*** (6.96)	1.283*** (8.64)	0.804*** (5.02)
YM_{45}	0.112* (-2.01)	0.078* (2.53)	0.177** (2.75)	-0.135* (-2.05)	-0.045 (-0.53)	-0.156* (-2.28)	0.437*** (5.65)	0.440** (2.78)	0.618*** (3.68)
YM_{50}	0.104 (-0.20)	0.051* (1.99)	0.060 (0.56)	-0.240** (-2.76)	0.031 (0.35)	0.042 (0.33)	0.321*** (3.90)	0.022 (0.13)	-0.118** (-2.68)
YM_{55}	0.470*** (-4.45)	0.125* (2.47)	-0.156* (-2.55)	-0.021 (-0.16)	0.026 (0.31)	0.113* (1.95)	0.225** (2.94)	-0.254** (-2.62)	-0.506** (-2.96)
YM_{60}	-0.351*** (-3.19)	0.187*** (3.58)	-0.315** (-3.05)	-0.094** (-2.72)	-0.043 (-0.50)	-0.164** (-2.33)	0.110* (2.39)	-0.234** (-2.45)	-0.252* (-2.41)
YM_{65}	-0.252*** (-3.33)	0.087** (2.58)	-0.441*** (-4.03)	-0.414** (-3.00)	0.049 (0.54)	0.218** (2.67)	-0.159* (-1.99)	-0.116 (-0.68)	-0.537** (-2.73)

续表

	总用能	煤	油	液化石油气	天然气	电力	沼气	秸秆	薪柴
YM$_{70}$	-0.516** (-2.71)	0.061* (2.03)	-0.757*** (-6.41)	-0.272** (-2.82)	-0.163** (-2.65)	0.333* (2.36)	-0.213* (-2.36)	-0.363* (-1.97)	-0.697*** (-3.28)
YM$_{75}$	0.963** (-2.65)	0.081* (2.21)	-0.705*** (-5.32)	-0.103** (-2.61)	-0.036 (-0.32)	0.305* (1.98)	-0.327** (-3.24)	-0.015 (-0.07)	-0.782*** (-3.48)
YM$_{80}$	0.044*** (-3.57)	-0.027 (-0.51)	-0.123* (-2.19)	-0.157* (-2.20)	0.093* (2.07)	0.008 (0.06)	0.075* (1.96)	-0.001 (-0.01)	-0.032 (-0.15)
YF$_{0}$	0.147*** (-3.54)	0.135*** (3.53)	0.033 (0.43)	-0.200* (-2.09)	0.123* (1.98)	0.184* (2.03)	-0.020 (-0.34)	-0.433*** (-3.65)	0.119** (2.79)
YF$_{5}$	0.113*** (-4.16)	0.043* (2.16)	0.172* (2.35)	-0.370*** (-3.99)	0.044** (2.72)	0.111* (2.26)	-0.145** (-2.59)	1.386*** (12.11)	2.020*** (12.99)
YF$_{10}$	-0.127*** (-4.53)	0.106* (2.54)	0.043 (0.52)	0.039 (0.37)	0.152* (2.19)	-0.136* (-2.38)	0.024 (0.38)	0.715*** (5.54)	0.957*** (5.99)
YF$_{15}$	-0.121* (-2.01)	-0.037* (-1.99)	0.097* (2.24)	-0.499*** (-5.06)	-0.208*** (-3.17)	-0.143** (-2.54)	-0.018 (-0.31)	0.972*** (7.79)	1.059*** (6.95)
YF$_{20}$	-0.061*** (-3.41)	-0.050** (-2.74)	0.258*** (4.51)	-0.058** (-2.81)	0.060* (2.26)	-0.066* (-1.96)	0.161*** (3.70)	0.315*** (3.54)	0.522*** (4.65)

续表

	总用能	煤	油	液化石油气	天然气	电力	沼气	秸秆	薪柴
YF_{25}	0.157 (0.12)	-0.072** (-2.84)	0.306*** (3.97)	0.032 (0.33)	0.156* (2.41)	-0.028 (-0.30)	0.241*** (4.10)	0.860*** (7.14)	0.478*** (3.50)
YF_{30}	-0.082** (2.69)	-0.099* (-2.03)	0.596*** (6.16)	-0.013 (-0.11)	0.251*** (3.09)	0.121* (2.05)	0.316*** (4.28)	1.303*** (8.62)	0.156 (0.89)
YF_{35}	-0.020 (0.33)	-0.119* (-2.32)	0.623*** (6.12)	0.015 (0.12)	0.195* (2.28)	0.079 (0.65)	0.552*** (7.11)	1.644*** (10.35)	-0.085 (-1.52)
YF_{40}	0.017 (0.17)	-0.174*** (-3.41)	0.582*** (5.77)	-0.092** (-2.72)	0.150** (2.77)	0.048 (0.40)	0.446*** (5.49)	1.442*** (9.16)	-0.139* (-2.03)
YF_{45}	-0.182** (2.69)	-0.142** (-2.70)	0.449*** (4.32)	-0.145* (-2.11)	0.210* (2.40)	0.102** (2.82)	0.415*** (5.15)	0.799*** (4.92)	0.121 (1.74)
YF_{50}	-0.027 (0.50)	-0.093** (-2.67)	0.167* (2.51)	-0.141* (2.01)	0.134* (2.45)	0.261* (1.97)	0.435* (2.14)	0.161** (2.93)	-0.117 (-1.09)
YF_{55}	-0.379 (-0.51)	-0.066* (-2.31)	-0.039 (-0.39)	-0.106** (-2.84)	-0.055** (-2.65)	0.432*** (3.60)	0.163 (-0.25)	-0.295* (-1.98)	0.032 (0.24)
YF_{60}	0.109** (-2.76)	-0.104* (-1.98)	-0.469*** (-4.53)	-0.030 (-0.23)	-0.109* (-2.25)	0.786*** (6.35)	-0.020* (-2.40)	-0.472** (-2.92)	0.288** (2.98)

续表

	总用能	煤	油	液化石油气	天然气	电力	沼气	秸秆	薪柴
YF_{65}	0.393** (-2.71)	-0.104* (-1.97)	-0.452*** (-4.07)	-0.011 (-0.08)	-0.172** (-2.84)	0.558*** (4.21)	-0.118 (-0.63)	-0.526** (-3.04)	-0.471** (-2.96)
YF_{70}	0.023*** (-5.19)	-0.104* (-2.01)	-0.265* (-2.22)	0.094** (2.62)	-0.094** (-2.94)	0.835*** (5.83)	-0.058** (-2.58)	-0.796*** (-4.26)	0.103 (0.65)
YF_{75}	-0.307*** (-4.72)	-0.135* (-1.99)	-0.482*** (-3.50)	-0.123** (-2.71)	-0.006 (-0.06)	0.563*** (3.42)	-0.166** (-2.72)	-0.477* (-2.22)	0.150 (0.61)
YF_{80}	0.251** (-2.87)	-0.002 (-0.05)	-0.171** (-2.81)	-0.079** (-2.66)	-0.069* (-2.88)	0.188** (2.67)	-0.123*** (3.50)	0.457** (3.11)	-0.053 (-0.37)
lnE		0.903*** (57.15)	0.935*** (29.91)	0.961*** (24.31)	1.126*** (42.90)	1.045*** (27.93)	1.151*** (48.24)	1.215*** (24.86)	0.163*** (3.15)
常数项	9.410*** (44.10)	-0.337* (-2.42)	-4.212*** (-15.30)	-5.523*** (-15.86)	-4.273*** (-18.49)	-3.759*** (-11.41)	-4.770*** (-22.70)	-9.000*** (-20.92)	-4.453* (-1.84)
拟合优度	0.943	0.808	0.816	0.812	0.278	0.974	0.900	0.865	0.834

注：括号内为 t 统计量。* 为 $p < 0.05$，** 为 $p < 0.01$，*** 为 $p < 0.001$。变量名称对应于模型的公式 6.7 解释。

参 考 文 献

外文部分

[1] Alam S. , et al. Sustainable Development in Pakistan in the Context of Energy Consumption Demand and Environmental Degradation [J]. Journal of Asian Economics, 2007, 18: 825 – 837.

[2] Bai X. , Imura H. Towards Sustainable Urban Water Resource Management: A Case Study in Tianjin, China [J]. Sustainable Development, 2001, 9 (1): 24 – 35.

[3] Barnes D. , et al. The Urban Household Energy Transition: Social and Environmental Impacts in the Developing World [M]. Washington, DC: Resources for the Future, 2005.

[4] Beresford J. , Rivlin A. Privacy, Poverty, and Old Age [J]. Demography, 1966, 3 (1): 247 – 258.

[5] Bloom D. , et al. Longevity and Life-cycle Savings [J]. Scandinavian Journal of Economics, 2003, 3: 319 – 338.

[6] Bongaarts J. Household Size and Composition in the Developing World in the 1990s [J]. Population Studies-a Journal of Demography, 2001, 55 (3): 263 – 279.

[7] Boserup E. Population and Technological Change : A Study of Long – Term Trends [M]. Chicago: University of Chicago Press, 1981.

［8］ Boserup E. The Conditions of Agricultural Growth： The Economics of Agrarian Change under Population Pressure ［M］. New York：Aldine Pub. Co. , 1965.

［9］ Bradbury M. , et al. Long – Term Dynamics of Household Size and Their Environmental Implications ［J］. Population and Environment，2014，36（1）：73 – 84.

［10］ Breheny M. Densities and Sustainable Cities：The UK Experience ［A］. In：Echenique M，Saint A. （Eds. ），Cities for the New Millennium ［M］. London：SponPress，2001，39 – 51.

［11］ Brounen D. , et al. Residential Energy Use and Conservation：Economics and Demographics ［J］. European Economic Review，2012，56（5）：931 – 945.

［12］ Burch T. Modeling Household Formation and Dissolution ［J］. Population Studies-a Journal of Demography，1989，43（1）：179 – 180.

［13］ Burgess R. The Compact City Debate：A Global Perspective ［A］. In：Jenks M，Burgess R. （Eds. ），Compact Cities：Sustainable Urban Forms for Developing Countries ［M］. New York：SponPress，2000，9 – 24.

［14］ Caldwell. Toward a Restatement of Demographic Transition Theory ［J］. Population and Development Review，1976，321 – 366.

［15］ Capello R. , Camagni R. Beyond Optimal City Size：An Evaluation of Alternative Urban Growth Patterns ［J］. Urban Studies，2000，37（9）：1479 – 1496.

［16］ Chan K. Crossing the 50 percent Population Rubicon：Can China Urbanize to Prosperity? Eurasian Geography and Economics，2012，53（1）：63 – 86.

［17］ Chan K. , Hu Y. Urbanization in China in the 1990s：New Definition，Different series，and Revised Trends ［J］. The China Review，2003，3（2）：49 – 71.

［18］Chan K. Urbanization and Rural – Urban Migration in China since 1982 ［J］. Modern China，20（3）：243 – 281.

［19］Chen H.，et al. Sustainable Urban Form for Chinese Compact Cities：Challenges of a Rapid Urbanized Economy ［J］. Habitat International，2008，32（1）：28 – 40.

［20］Chen M.，et al. The Global Pattern of Urbanization and Economic Growth：Evidence from the Last Three Decades ［J］. PloS ONE，2014，9（8）：e103799.

［21］Chen Q.，Zheng S. Accounting for China's Urbanization ［J］. China Economic Review，2014，30：485 – 494.

［22］Cohen J. How Many People Can the Earth Support？ ［M］. New York：W. W. Norton，1995.

［23］Cole M.，Neumayer E. Examining the Impact of Demographic Factors on Air Pollution ［J］. Population and Environment，2004，26（1）：5 – 21.

［24］Cuaresma J. Income Projections for Climate Change Research：A Framework Based on Human Capital Dynamics ［J］. Global Environmental Change，2015，1420：1 – 11.

［25］Curran S.，Sherbinin A. Completing the Picture：The Challenges of Bringing "Consumption" Into the Population – Environment Equation ［J］. Population and Environment，2004，26（2）：107 – 131.

［26］Dalton M.，et al. Population Aging and Future Carbon Emissions in the United States ［J］. Energy Economics，2008，30（2）：642 – 675.

［27］Deaton A.，Muellbauer J. An Almost Ideal Demand System ［J］.

American Economic Review, 1980, 3: 312 – 326.

[28] DeFries R. , Pandey D. Urbanization, the Energy Ladder and Forest Transitions in India's Emerging Economy [J]. Land Use Policy, 2010, 27 (2): 130 – 138.

[29] Demeny P. Early Fertility Decline in Austria – Hungary: A Lesson in Demographic Transition [A]. In Glass and Schofield (eds.). Population and Social Change [M]. London: Edward Arnold, 1972.

[30] Dhakal S. Urban Energy Use and Carbon Emissions from Cities in China and Policy Implications [J]. Energy Policy, 2009, 37 (11): 4208 – 4219.

[31] Dietz T. , Rosa E. Effects of Population and Affluence on CO_2 Emissions [J]. Proceedings of the National Academy of Sciences of the USA, 1997, 94: 175 – 179.

[32] Dodman D. Blaming Cities for Climate Change? An Analysis of Urban Greenhouse Gas Emissions Inventories [J]. Environment and Urbanization, 2009, 21 (1): 185 – 201.

[33] Dragonomics. Urbanization and Housing Markets in China [M]. Beijing, China: Dragonomics, 2011.

[34] Duvall E. Family Development [M]. Philadelphia: J. B. Lippincott, 1971.

[35] Ehrlich P. , Holdren J. Impact of Population Growth [J]. Science, 1971, 171: 1212 – 1217.

[36] Friedman M. A Theory of the Consumption Function [M]. NJ: Princeton University Press, 1957.

[37] Glick P. The Family Cycle [J]. American Sociological Review, 1947, 2.

［38］ Global Carbon Project. Global Carbon Budget 2014 ［R］. Earth System Science Data Discussions，2014.

［39］ Goode J. World Revolution and Family Patter ［M］. New York： Free Press of Glencoe，1963.

［40］ Greene W. Econometric Analysis ［M］. Prentice Hall，2002.

［41］ Grossman G.，Krueger A. Environmental Impacts of the North American Free Trade Agreement ［J］. NBER Working Paper，No. 3914，1991.

［42］ Gu D.，et al. Recommendation to Consider the Crucial Impacts of Trends in Smaller Household Size on Sustainable Development Goals ［R］. A Policy Brief Submitted to United Nations，2015.

［43］ Hamilton B. The Baby Boom，the Baby Bust and the Housing Market： A Second Look ［J］. Regional Science and Urban Economics，1991，21：547 – 552.

［44］ Hayes A. On Defining the Problem of Population and Environment ［C］. Annual Meeting of PAA，San Francisco，1995.

［45］ IPCC. Climate Change 2014： Synthesis Report ［R］. The Fourth Element of the IPCC Fifth Assessment Report，2014.

［46］ Ironmonger D.，et al. Economies of Scale in Energy Use in Adult – Only Households ［J］. Energy Economics，1995，17（4）：301 – 310.

［47］ Jiang L.，et al. Household Projections for Rural and Urban Areas of Major Regions of the World ［R］. IIASA Interim Report IR – 09 – 026，2009.

［48］ Jiang L.，O'Neill B. Impacts of Demographic Trends on Us Household Size and Structure ［J］. Population and Development Review，2007，33（3）：567 – 591.

［49］ Jiang L. , O'Neill B. The Energy Transition in Rural China ［J］. International Journal of Global Energy, 2004, 21: 2 –26.

［50］ Jiang L. , O'Neill B. Towards a New Model for Probabilistic Household Forecasts ［J］. International Statistical Review, 2004, 72: 51 –64.

［51］ Jiang L. On the Possibility of Probabilistic Household Projection ［C］. Workshop "How to Deal with Uncertainty in Population Forecasting" Organized by Vienna Institute for Demography and IIASA, Vienna, 2002.

［52］ Jones D. Urbanization and Energy Use in Economic Development ［J］. The Energy Journal, 1989, 10: 29 –44.

［53］ Jorgenson A. , Burns T. The Political – Economic Causes of Change in the Ecological Footprints of Nations, 1991 –2001: A Quantitative Investigation ［J］. Social Science Research, 2007, 36 (2): 834 –853.

［54］ Jorgenson A. , Clark B. Assessing the Temporal Stability of the Population/Environment Relationship in Comparative Perspective: A Cross-national Panel Study of Carbon Dioxide Emissions, 1960 –2005 ［J］. Population and Environment, 2010, 32: 27 –41.

［55］ Kaya Y. Impact of Carbon Dioxide Emission Control on GNP Growth: Interpretation of Proposed Scenarios ［R］. Energy and Industry Subgroup, Response Strategies WorkingGroup, Paris, France, 1990.

［56］ Kenworthy J. , Laube F. Patterns of Automobile Dependence in Cities: An International Overview of Key Physical and Economic Dimensions with Some Implications for Urban Policy ［J］. Transportation Research Part A – Policy and Practice, 1999, 33 (7 –8): 691 –723.

［57］ Klinenberg E. Going Solo: The Extraordinary Rise and Surprising Appeal of Living Alone ［M］. Penguin Press, 2012.

［58］ Krey V. , et al. Urban and Rural Energy Use and Carbon Dioxide

Emissions in Asia [J]. Energy Economics, 2012, 34: S272 – S283.

[59] Kuznets S. Economic Growth and Income Inequality [J]. American Economic Review, 1955, 45: 1 – 28.

[60] Landry. La Râevolution Dâemographique; Âetudes Et Essais Sur Les Probláemes De La Population [M]. Paris: Librairie du Recueil Sirey, 1934.

[61] Lapillonne B. , et al. 2013. Energy efficiency trends in the EU: Lessons from the ODYSSEE MURE project [EB – OL]. European Union: Odyssee – Mure, 2015 – 01 – 08, http: //www. odyssee-mure. eu/publications/br/energy-efficiency-trends-in – Europe. html.

[62] Lariviere I. , Lafrance G. Modeling the Electricity Consumption of Cities: Effect of Urban Density [J]. Energy Economics, 1999, 21 (1): 53 – 66.

[63] Leff N. Dependency Rates and Saving Rates [J]. American Economic Review, 1969, 59: 886 – 896.

[64] Lesthaeghe R. The Unfolding Story of the Second Demographic Transition [C]. The Conference on "Fertility in the History of the 20th Century – Trends, Theories, Public Discourses, and Policies". Akademia Leopoldina & Berlin, 2010.

[65] Liddle B. Consumption – Driven Environmental Impact and Age Structure Change in OECD Countries: A Cointegration – STIRPAT Analysis [J]. Demographic Research, 2011, 24: 749 – 770.

[66] Liddle B. Demographic Dynamics and Per Capita Environmental Impact: Using Panel Regressions and Household Decompositions to Examine Population and Transport [J]. Population and Environment, 2004, 26 (1): 23 – 39.

［67］ Liddle B. Impact of Population, Age Structure, and Urbanization on Carbon Emissions/Energy Consumption: Evidence from Macro – Level, Cross – Country Analyses ［J］. Population and Environment, 2014, 35 (3): 286 – 304.

［68］ Liddle B. , Lung S. Age – Structure, Urbanization, and Climate Change in Developed Countries: Revisiting STIRPAT for Disaggregated Population and Consumption – Related Environmental Impacts. Population and Environment, 2010, 31 (5): 317 – 343.

［69］ Liddle B. Urban Density and Climate Change: A STIRPAT Analysis Using City – Level Data ［J］. Journal of Transport Geography, 2013, 28: 22 – 29.

［70］ Liddle B. What Are the Carbon Emissions Elasticities for Income and Population? Bridging STIRPAT and EKC via robust heterogeneous panel estimates ［J］. Global EnvironmentalChange, 2015, 31: 62 – 77.

［71］ Liu J. , et al. Effects of Household Dynamics on Resource Consumption and Biodiversity ［J］. Nature, 2003, 421 (6922): 530 – 533.

［72］ Liu Y. Exploring the Relationship between Urbanization and Energy Consumption in China Using Autoregressive Distributed Lag Factor Decomposition Model ［J］. Energy, 2009, 34 (11): 1846 – 1854.

［73］ Llunch C. , Williams R. Consumer Demand Systems and Aggregate Consumption in USA – Application of Extended Linear Expenditure System ［J］. Canadian Journal of Economics, 1975, 1: 49 – 66.

［74］ Mackellar F. L. , et al. Population, Households, and CO_2 Emissions ［J］. Population and Development Review, 1995, 21: 849 – 866.

［75］ Malthus T. An Essay on the Principle of Population, as It Affects the Future Improvement of Society ［M］. London: Printed for J. Johnson,

1798.

［76］Mankiw G. , Weil D. The Baby Boom, the Baby Bust and the Housing Market ［J］. Regional Science and Urban Economics, 1989, 19: 235 – 258.

［77］Marcotullio P. , et al. The Geography of Urban Greenhouse Gas Emissions in Asia: A Regional Analysis ［J］. Global Environmental Change – Human and Policy Dimensions, 2012, 22 (4): 944 – 958.

［78］Marcotullio P. , Lee Y. Urban Environmental Transitions and Urban Transportation Systems-a Comparison of the North American and Asian Experiences ［J］. International Development Planning Review, 2003, 25 (4): 325 – 354.

［79］Mason A. , Racelis R. A Comparison of 4 Methods for Projecting Households ［J］. International Journal of Forecasting, 1992, 8 (3): 509 – 527.

［80］McGranahan G. , Satterthwaite D. The Environmental Dimensions of Sustainable Development for Cities ［J］. Geography, 2002, 87: 213 – 226.

［81］Menz T. , Welsch H. Population Aging and Carbon Emissions in OECD Countries: Accounting for Life – Cycle and Cohort Effects. Energy Economics, 2012, 34 (3): 842 – 849.

［82］Miniaci R. , et al. How Does Consumption Change upon Retirement ［J］. Empirical Economics, 2010, 38 (2): 257 – 280.

［83］Mishra V. , et al. The Energy – GDP Nexus: Evidence from a Panel of Pacific Island Countries ［J］. Resource and Energy Economics, 2009, 31 (3): 210 – 220.

［84］Modigliani F. , Brumberg R. Utility Analysis and the Consumption Function: An Interpretation of the Cross Section Data [A]. In Kurihara K. (eds.) Post – Keynesian Economics [M]. NJ: Rutgers University Press, 1954.

[85] Modigliani F. Life Cycle, Individual Thrift, and the Wealth of the Nations [J]. American Economic Review, 1986, 76 (3): 297 – 313.

[86] Mol A. , Spaargaren G. Ecological Modernization and Consumption: A Reply [J]. Society & Natural Resources, 2004, 17 (3): 261 – 265.

[87] Murphy M. Household Modeling and Forecasting Dynamic Approaches with Use of Linked Census – Data [J]. Environment and Planning, 1991, 23 (6): 885 – 902.

[88] Newman P. , Kenworthy J. Gasoline Consumption and Cities-a Comparison of United – States Cities with a Global Survey [J]. Journal of the American Planning Association, 1989, 55 (1): 24 – 37.

[89] Notestein. Population: The Long View [A]. In Theodore W (eds.) . Food for the World [M]. Chicago: University of Chicago Press, 1945: 39.

[90] Okada A. Is an Increased Elderly Population Related to Decreased CO_2 Emissions from Road Transportation? [J]. Energy Policy, 2012, 45: 286 – 292.

[91] O'Neill B. , Chen B. Demographic Determinants of Household Energy Use in the United States [J]. Population and Development Review, 2002, 28: 53 – 88.

[92] O'Neill B. , et al. Demographic Change and Carbon Dioxide Emissions [J]. Lancet, 2012, 380 (9837): 157 – 164.

[93] O'Neill B. , et al. The Effect of Urbanization on Energy Use in India and China in the IPETS Model [J]. Energy Economics, 2012, 34: S339 – S345.

[94] Pachauri S. An Analysis of Cross – Sectional Variations in Total Household Energy Requirements in India Using Micro Survey Data [J]. Energy Policy, 2004, 32 (15): 1723 – 1735.

[95] Pachauri S. , Jiang L. The Household Energy Transition in India and China [J]. Energy Policy, 2008, 36 (11): 4022 – 4035.

[96] Panayotou T. Environmental Degradation at Different Stages of Economic Development [A]. In: Ahmed I. and Doeleman J. , Eds. , Beyond Rio: The Environmental Crisis and Sustainable Livelihoods in the Third World [M]. New York: St. Martin's Press, 1995.

[97] Parikh J. Urbanization, Energy Use and Greenhouse Effects in Economic – Development – Results from a Cross – National – Study of Developing – Countries [J]. Global Environmental Change – Human and Policy Dimensions, 1995, 5 (2): 87 – 103.

[98] Petersen W. Readings in Population [M]. New York: Macmillan, 1972.

[99] Poumanyvong P. , Kaneko S. Does Urbanization Lead to Less Energy Use and Lower CO_2 Emissions? A Cross – Country Analysis [J]. Ecological Economics, 2010, 70 (2): 434 – 444.

[100] Prskawetz A. , et al. Demographic Composition and Projections of Car Use in Austria [J]. Vienna Yearbook of Population Research, 2004, 175 – 201.

[101] Qin B. , Zhang Y. Note on Urbanization in China: Urban Definitions and Census Data [J]. China Economic Review, 2014, 30: 495 – 502.

［102］ Rob A. , Ree J. Explaining the Hump in Life Cycle Consumption Profiles ［J］. De Economist, 157 (1): 107 – 120.

［103］ Rodgers H. , Witney G. The Family Cycle in Twentieth Century Canada ［J］. Journal of Marriage and Family, 1981, 3.

［104］ Rosa E. , et al. Tracking the Anthropogenic Drivers of Ecological Impacts ［J］. Ambio: AJournal of the Human Environment, 2004, 32: 509 – 512.

［105］ Rosenzweig M. , Zhang J. Co-residence, Life – Cycle Savings and Inter-generational Support in Urban China ［J］. NBER Working Papers, 20057, 2014.

［106］ Sadorsky P. The Effect of Urbanization on CO_2 Emissions in Emerging Countries. Energy Economics, 2014, 41: 147 – 153.

［107］ Sanchez L. Understanding Energy Consumption in Mexico: An Age – Cohort – Period Cohort Analysis ［C］. IUSSP International Population Conference, Busan, 2013.

［108］ Shui B. , Dowlatabadi H. Consumer Lifestyle Approach to US Energy Use and the Related CO_2 Emissions ［J］. Energy Policy, 2005, 33 (2): 197 – 208.

［109］ Simon. Population and Development in Poor Countries : Selected Essays ［M］. Princeton, N. J. : Princeton University Press, 1992.

［110］ Simon. The Ultimate Resource ［M］. Princeton, N. J. : Princeton University Press, 1981.

［111］ Stern, et al. Environmentally Significant Consumption : Research Directions ［M］. Washington, D. C. : National Academy Press, 1997.

［112］ Stone R. Linear Expenditure Systems and Demand Analysis:

An Application to the Pattern of British Demand [J]. Economic Journal, 1954, 255: 511 – 527.

[113] Swan C. Demography and the Demand for Housing: A Reinterpretation of the Mankiw – Weil Demand Variable [J]. Regional Science and Urban Economics, 1995, 25: 41 – 58.

[114] Thompson. Danger Spots in World Population [M]. New York: A. A. Knopf. , 1929.

[115] UN. World Urbanization Prospects [R]. The 2011 Revision by the UN Population Division of the DESA, 2011.

[116] Van de Kaa. Europe's Second Demographic Transition [J]. Population Bulletin, 1987, 1.

[117] Vringer K. , Blok K. The Direct and Indirect Energy – Requirements of Households in the Netherlands [J]. Energy Policy, 1995, 23 (10): 893 – 902.

[118] Wagner M. The Carbon Kuznets Curve: A Cloudy Picture Emitted by Bad Econometrics? [J]. Resource and Energy Economics, 2008, 3: 388 – 408.

[119] World Bank. Sustainable Development & Climate Change [R]. World Bank Publications, 2010.

[120] York R. Demographic Trends and Energy Consumption in European Union Nations, 1960 – 2025 [J]. Social Science Research, 2007, 36 (3): 855 – 872.

[121] York R. , et al. Footprints on the Earth: The Environmental Consequences of Modernity [J]. American Sociological Review, 2003, 68 (2): 279 – 300.

[122] York R. , et al. STIRPAT, IPAT and Impact: Analytic Tools

for Unpacking the Driving Forces of Environmental Impacts [J]. Ecological Economics, 2003, 46 (3): 351 – 365.

[123] York R. Structural Influences on Energy Production in South and East Asia, 1971 – 2002 [J]. Sociological Forum, 2007, 22 (4): 532 – 554.

[124] Yu E., Liu J. Environmental Impacts of Divorce [J]. Proceedings of the National Academy of Sciences of the United States of America, 2007, 104 (51): 20629 – 34.

[125] Zeng Y., et al. Household and Living Arrangement Projections at the Subnational Level: An Extended Cohort – Component Approach [J]. Demography, 2013, 50 (3): 827 – 852.

[126] Zhao X. Factors Influencing CO_2 Emissions in China's Power Industry: Co-integration Analysis [J]. Energy Policy, 2013, 57: 89 – 98.

[127] 王桂新. 中国の経済改革期における都市人口増加に関する分析 [J]. アジア経済, 1991, 7.

中文部分

[128] IPCC. 2006 年 IPCC 国家温室气体清单指南 [R]. 神奈川县: 日本全球环境战略研究所, 2006.

[129] 白仲林, 杨萍, 赵蓉. 生命不确定性的跨期最优消费行为研究 [J]. 统计研究, 2012, 2.

[130] 北京大学中国社会科学调查中心. 中国民生发展报告 2012 [M]. 北京: 北京大学出版社, 2012.

[131] 波士顿咨询公司. 中国消费趋势报告 [R]. 阿里研究院联合发布, 2014.

[132] 蔡昉. 对中国城镇化研究中若干统计数据的辨析 [J]. 城市与环境研究, 2014, 2: 3 – 12.

[133] 陈佳瑛, 彭希哲, 朱勤. 家庭模式对碳排放影响的宏观实证分析 [J]. 中国人口科学, 2009, 5: 68 – 78 + 112.

[134] 陈艳, 朱雅丽. 中国农村居民可再生能源生活消费的碳排放评估 [J]. 中国人口·资源与环境, 2011, (9): 88 – 92.

[135] 樊纲, 苏铭, 曹静. 最终消费与碳减排责任的经济学分析 [J]. 经济研究, 2010, 1: 4 – 14 + 64.

[136] 冯相昭, 邹骥. 中国 CO_2 排放趋势的经济分析 [J]. 中国人口·资源与环境, 2008, 3: 43 – 47.

[137] 傅崇辉, 王文军, 曾序春, 等. 生活能源消费的人口敏感性分析——以中国城镇家庭户为例 [J]. 资源科学, 2013, 10: 1933 – 1944.

[138] 公安部交通管理局. 全国机动车保有量迅猛增长 [R]. 独家发布, 2014.

[139] 郭志刚. 我国人口城镇化现状的剖析——基于 2010 年人口普查数据 [J]. 社会学研究, 2014, 1: 10 – 24.

[140] 国家发改委. 省级温室气体清单编制指南（试行）[R]. 北京: 国家发改委, 2011.

[141] 国家统计局. 中国统计年鉴（2013）[M]. 北京: 中国统计出版社, 2013.

[142] 国家卫生计生委. 中国家庭发展报告 2014 [M]. 北京: 中国人口出版社, 2014.

[143] 国家信息中心课题组. "十三五"时期我国消费增长预测 [R]. 国家发改委内部资料, 2015.

[144] 蒋耒文. "欧洲第二次人口转变"理论及其思考 [J]. 人口研究, 2002, 3: 45 – 49.

[145] 蒋耒文. 人口变动对气候变化的影响 [J]. 人口研究,

2010，34（1）：59－69.

［146］林伯强，李江龙.环境治理约束下的中国能源结构转变——基于煤炭和二氧化碳峰值的分析［J］.中国社会科学，2015，9：84－107.

［147］刘辉煌，李子豪.中国人口老龄化与碳排放的关系——基于因素分解和动态面板的实证分析［J］.山西财经大学学报，2012，1：1－8.

［148］米红，任正委.家庭户电力消费的年龄性别模式及节电减排的政策选择［J］.人口研究，2014，38（7）：37－49.

［149］彭博新能源财经.中国电力行业2030年展望报告［R］.国家电网联合发布，2013.

［150］彭希哲，朱勤.我国人口态势与消费模式对碳排放的影响分析［J］.人口研究，2010，1：48－58.

［151］曲建升，刘莉娜，曾静静，等.中国城乡居民生活碳排放驱动因素分析［J］.中国人口资源与环境，2014，24（8）：33－41.

［152］瑞士信贷银行.2014年全球财富报告［R］.亚太区中文版发布，2014.

［153］盛亦男.中国的家庭户迁居模式［J］.人口研究，2014，38（3）：41－54.

［154］苏燊燊，赵锦洋，胡建信.中国电力行业1990～2050年温室气体排放研究［J］.气候变化研究进展，2015，5.

［155］田丰.当代中国家庭生命周期［M］.北京：社会科学文献出版社，2012.

［156］王长波，张力小，栗广省.中国农村能源消费的碳排放核算［J］.农业工程学报，2001，27（S1）：6－11.

［157］王放.“四普”至“五普”期间中国城镇人口增长构成分

析［J］．人口研究，2004，3．

［158］王放．"五普"至"六普"期间中国城镇人口的增长构成［J］．人口与发展，2014，20（5）：16－24．

［159］王锋，吴丽华，杨超．中国经济发展中碳排放增长的驱动因素研究［J］．经济研究，2010，2：123－135．

［160］王桂新，黄祖宇．中国城市人口增长来源构成及其对城市化的贡献：1991～2010［J］．中国人口科学，2014，2：2－16．

［161］王莉，曲建升，等．1995～2011年我国城乡居民家庭碳排放的分析与比较［J］．干旱区资源与环境，2015，29（5）：6－11．

［162］王跃生．中国城乡家庭结构变动分析——基于2010年人口普查数据［J］．中国社会科学，2013，12：60－77．

［163］吴帆．家庭生命周期结构：一个理论框架和基于CHNS的实证［J］．学术研究，2012，9：42－49．

［164］肖周燕．我国家庭动态变化对二氧化碳排放的影响分析［J］．人口研究，2012，1：52－62．

［165］许琪．子女需求对城市家庭居住方式的影响［J］．社会，2013，3：111－130．

［166］杨亮．基于消费水平的家庭碳排放谱研究［D］．上海：华东师范大学，2014．

［167］杨明旭．城乡失能老人多状态模型理论创新暨长期照护政策仿真研究［R］．杭州：浙江大学人口与发展研究所工作论文，2016．

［168］杨胜慧，陈卫．中国家庭规模变动：特征及其影响因素［J］．学海，2015，2：154－160．

［169］杨胜慧．中国的家庭转变：趋势与影响因素［D］．北京：中国人民大学，2013．

［170］原艳梅，林振山，徐志华．基于人口、经济的我国能源可持续发展的动力学研究［J］．自然资源学报，2009，5：791-798．

［171］中国气象局．气候变化绿皮书：应对气候变化报告［M］．北京：社会科学文献出版社，2014．

［172］中国社科院．可持续与宜居城市——迈向生态文明［R］．2013年中国人类发展报告，2014．

［173］周福林．我国集体户与集体户人口状况一瞥［J］．中国统计，2015，7：18-19．

［174］周皓．中国人口迁移的家庭户趋势及其影响因素分析［J］．人口研究，2004，28（6）：60-69．

［175］朱勤，彭希哲，傅雪．我国未来人口发展与碳排放变动的模拟分析［J］．人口与发展，2011，17（1）：2-15．

［176］朱勤，彭希哲，于娟，等．中国能源消费碳排放变化的因素分解及实证分析［J］．资源科学，2009，31（12）：2072-2079．

［177］朱勤，魏涛远．居民消费视角下人口城镇化对碳排放的影响［J］．中国人口·资源与环境，2013，11：21-29．

［178］朱勤，魏涛远．中国城乡居民年龄别消费模式量化与分析［J］．人口研究，2015，39（3）：3-17．

后　　记

　　博士学位论文的创作过程，不仅是学术道路上一次"脱胎换骨"的成长，也是人生旅程一场"百折不挠"的历练。从研究选题到论文写作，无时无刻不充满着艰辛与挑战。我有幸得到了诸多师长、友人以及家人的关心和帮助，使我能够顺利地完成各项学习和研究任务。如今，距离博士毕业已近两载，在书稿付梓之时，花些笔墨来对他（她）们表示诚挚的谢意，实属必要。

　　本书的顺利出版，首先应当感谢的是我的导师米红教授。无论是选题拟定、框架讨论，还是数据收集、文献阅读，都倾注了他大量的心血。米老师的学术热情和坚强性格时刻鞭策着我前行，并最终在博士学位论文的基础上修改、完善，形成了本书稿。

　　其次，还要感谢蒋耒文教授、张耀军教授、周丽苹教授、原华荣教授、班茂盛教授、姚引妹教授、余潇枫教授、江晓岳教授、杰弗帕克（Geoff Parker）教授等给予的指导和帮助。感谢匿名评审专家提出的中肯意见；感谢"米团"所有成员的陪伴，特别感谢周伟博士、杨明旭博士、张田田博士、冯广刚博士在研究讨论过程中对我的引导和启发，以及在并肩奋战的日子里给我的无私帮助。感谢浙江理工大学法政学院的领导及同事们、浙江省生态文明研究中心各位同仁给予的关怀。此外，特别感谢我的爱人郑玲微，感谢我的父母，是你们默默地支持和付出，才使我能够安于学业和研究工作，由衷地感谢你们。

感谢一对儿女的到来，在研究和写作之余给予我更多的快乐。

　　最后，感谢经济科学出版社的李雪老师以及所有为本书出版而辛勤付出的工作人员。本书的顺利完成，离不开他们的努力。

　　限于能力有限，本书内容存在的不尽如人意之处，欢迎批评指正，文责自负。

任正委

2018 年 4 月